Gabriele Deml & Fritz Rehbach

Dechbetten, Ziegetsdorf und Königswiesen damals und heute

Gabriele Deml & Fritz Rehbach

Dechbetten, Ziegetsdorf und Königswiesen

damals und heute

BUCHVERLAG

Bibliografische Information der Deutschen Nationalbibliothek

Die Deutsche Nationalbibliothek verzeichnet diese Publikation in der Deutschen Nationalbibliografie; detaillierte bibliografische Daten sind im Internet über http://dnb.dnb.de abrufbar.
ISBN 978-3-95587-427-8

MIX
Papier aus verantwortungsvollen Quellen
FSC® C014138
FSC www.fsc.org

Für uns, die Battenberg Gietl Verlag GmbH mit all ihren Imprint-Verlagen, ist Nachhaltigkeit ein wichtiger Teil unserer Unternehmensphilosophie. Daher achten wir bei allen unseren Produkten auf den Einsatz umweltschonender Ressourcen und Materialien.
Dieses Buch wurde auf FSC®-zertifiziertem Papier gedruckt. FSC (Forest Stewardship Council®) ist eine nicht staatliche, gemeinnützige Organisation, die sich für die verantwortungsvolle und ökologische Nutzung der Wälder unserer Erde einsetzt.

Unsere Partnerdruckerei kann zudem für den gesamten Herstellungsprozess nachfolgende Zertifikate vorweisen:
- Zertifizierung für FOGRA PSO
- Zertifizierungssystem FSC®
- Leitlinien zur klimaneutralen Produktion (Carbon Footprint)
- Zertifizierung EcoVadis (die Methodik besteht aus 21 Kriterien in den Bereichen Umwelt, Einhaltung menschlicher Rechte und Ethik)
- Zertifikat zum Energieverbrauch aus 100 % erneuerbaren Quellen
- Teilnahme am Projekt „Grünes Unternehmen“ zum Schutz von Naturressourcen und der menschlichen Gesundheit

1. Auflage 2023

(www.battenberg-gietl.de)

ISBN 978-3-95587-427-8

Vorwort

Fritz und ich waren froh, als wir im Herbst 2021 unser Buch über Großprüfening fertig in Händen hielten und es bei den Bewohnern, Ehemaligen und Freunden gut ankam. Nach einiger Zeit des Genießens, fertig zu sein, packte uns wieder die Lust auf Neues.
Wir dachten, es wäre interessant, bei unseren Nachbardörfern Dechbetten und Ziegetsdorf, die im selben Jahr (1938) eingemeindet wurden und mit denen uns einiges verbindet, wie ehemals die Arbeit in der Ziegelei, beim Schlageter und die Heirat hin und her, nachzuforschen.
Viel Wissenswertes fanden wir in bereits vorhandenen Büchern, Festschriften und im Internet. Am schönsten und interessantesten waren aber die Treffen und die Besuche bei den Bewohnern von Dechbetten und Ziegetsdorf, die uns mit ihren alten Bildern und Erinnerungen sehr geholfen haben und uns große Freude machten.

Gabriele Deml

Nach unserem erfolgreichen Großprüfening-Buch reizte es mich, zusammen mit Gaby Deml, auch die beiden angrenzenden Gemeinden, Dechbetten und Ziegetsdorf, zu erkunden. Bei meinen Recherchen wurde ich immer gefragt, was mich persönlich mit diesen Gemeinden verbindet.
Nach Dechbetten gelangte ich schon relativ früh. Meine Eltern waren mit einer Familie Guppenberger befreundet. Von deren Terrasse konnte man auf freie Felder sehen. Heute tost hier der Verkehr auf der A93. Später fuhr ich mit dem Fahrrad zum Dechbettener Bahnübergang, um von hier die Dampfloks zu beobachten. Nirgends kam man so nahe ran. Auch so manche Münze ließ ich von den Zügen platt walzen. Einmal kam ein alter Lanz-Bulldog vorbei und ich durfte bis in die Stadt mitfahren. Wie ich später erfuhr, war das der Herr Schropp, der oft mit dem Lanz in die Stadt fuhr.
Mit Ziegetsdorf verhielt es sich ähnlich. Meine Eltern waren befreundet mit der Familie Fürnrohr, die in der Wolfsteinerstraße ein Einfamilienhaus erbaute, mit meinem Vater als Architekten. Auch erinnere ich mich, dass beim Alten Forsthaus ein Weiher und ein Bächlein waren. Später dann kehrten wir beim „Herrmann" ein.
Bei Königswiesen schließlich blieb mir der Dreibäumerl-Berg als Rodelhang in Erinnerung. Als höchstes Ziel galt es, von oben bis zur Kirchmeierstraße, die damals viel tiefer lag als heute, durchzufahren.
Und jetzt, liebe Leser, halten Sie unser Buch in Händen, und wir würden uns freuen, wenn beim Betrachten der Bilder längst vergessen Geglaubtes wieder in ihren Gedanken zum Leben erweckt wird.

Fritz Rehbach

Dechbetten

Eingemeindung 1938

Die Dechbettener waren schlau. Bürgermeister Georg Schropp aus Dechbetten, der genau wie die anderen Kollegen und Gemeinderäte von der Eingemeindung bereits „gehört" hatte, schritt zur Tat, um den Inhalt des Gemeindesäckels noch seinen Bürgern zugute kommen zu lassen. Schropp ließ damals die gesamte Ortschaft pflastern und hat sich dadurch nicht nur in der Erinnerung älterer Dechbettener Bürger ein Denkmal gesetzt.
Der inzwischen bereits verstorbene Sebastian Weigert, 1. Vorsitzender des Krieger- und Soldatenvereins Dechbetten, der sich mit der Historie seines Heimatortes eingehend befasste, wusste zu berichten, dass Dechbetten in den 30er Jahren allerhöchstens an die 600 Einwohner zählte. Sowohl durch die gut besuchte Wallfahrtskirche vor Ort als auch später durch die Maschinenfabrik Schlageter und die Ziegelfertigungsanlage Mayer und Reinhardt sei Dechbetten auf dem Weg zum Wohlstand gewesen. Zwei Wirtshäuser, zwei Lebensmittelgeschäfte, ein Eiergroßhändler, ein ortsansässiger Schuster, ein Metzger und ein Bäcker hätten mit dazu beigetragen, die Ortsgemeinde Dechbetten voll funktionsfähig zu halten.
In den 30er Jahren, bis nach der Eingemeindung im Jahre 1938, waren in Dechbetten außerdem noch sieben bodenständige landwirtschaftliche Betriebe ansässig. Da war es kein Wunder, dass auch das Vereinsleben blühte. In einer Pfarreiengemeinschaft mit Prüfening, unter Dekan Heinrich Schmidl, hatte Dechbetten seinen dörflichen Charakter behalten.

Kurz vor der Eingemeindung haben sich Bürgermeister und Gemeinderat von Dechbetten noch fotografieren lassen. Untere Reihe: v. l. n. r.: Rupert Gebhard sen., Georg Ulrich, Ulrich Lanz, Bürgermeister Georg Schropp, Johann Sindl, Adam Reith. Oben: Karl Baumann, Johann List (2. Bürgermeister), Hans Stöber und Franz Guggenberger.

MZ-Artikel 1988

Einwohnerbuch 1939/40

Dänzergasse — Dechbetten

2*Dietl Rupert Metzg.mstr.
Obermeyer Jos. Pensionist 2
3*Stadt Regensburg
4*Bartmann Mich. Buchhalt.
Forster Rud. Milchgesch. 0
5*Hausladen Dr. Mich. pr. Arzt 0
Mader Jos. Kraftfahrlehrer 1
6*Höpfl Ther. Kolonialw. 0
Breinl Gg. Propagandist 2
7*Stadt Regensburg
Bauer Joh. Buchhalt. 0
Biberacher Krsz. Verkäuf. 0
Schäffler Joh. Jungbannführ. 0
Kuchler Frz. Hilfslehr. 0
Weiß Gerh. Feldmstr. 1
Hansbauer Sim. Hptlehr. 1
Wilhelm Karl Schuhm. 2
8*Jobst Engelb. Bäckermstr. 0
Hofmann Benno Konditor 0
16*Stadt Regensburg

Dechbetten

(Nach dem eingemeindeten Vorort Dechbetten.)

1*Gebhardt Rup. Bauer
1½*Deutsche Reichsbahn
Mehrl Frz. X. Rb.geh.
Röhrl Max Telegr.arb.
2*Heigl Johann
Aumüller Jos. Weich.wärt. a. D.
Bauer Gust. Stukkat.
Fischer Ida Forstratswe.
Heudecker Jos. Eis.dreh.
— Joh. Dreher
— Jos. Masch.schloss.
Haindl Pet. Stadtarb.
— Pet. Schloss.
Stadlbauer Bab. Rentn.
Grilz Rob. Technik.
Kainz Ernst Kfm.
Pleyer Karl Schloss.
Robold Jos. Bahnarb.
— Joh. Rb.geh.
Wittmann Anna Pol.ob.wachtmstrsehefr.
3*Meyerhofer Ludwig, Landwirt
Groitl Mich. Hilfsarb.
Ipfelkofer Max Spengler
Blüml Ldw. Dienstknecht
Pregler Frz. Fbkarb.
4*Stangl Anna
Forstner Jos. Rb.geh.
Mittermeier Frzka. Privat.
Kiermaier Joh. Brauer
4½*Brauerei Emslander
Baier Max Zimmerm.
Gruber Jos. Werkzgm.
4¾*Lang Leonh. Schriftsetz.
Bauer Mich. Schlosser
Rauch Jos. Sattler
Schindler Felizitas Hebamme
Weinberger Mich. Schlosser
5*Neumeyer Emmeram Bauer
5½*Schwarz Andr.
Schwarz Anna Stellwerkmstrswe.
— Joh. Bahnschlosser
Baumann Karl. Rb.geh.
6*Islinger Wolfg. sen. Landw.
Islinger Wolfg. jun. Landw.
— Ferd. Bäcker
— Ant. Braugeh.
6½*Hechtbauer Helene
Wittmann Kresz. Kontorist.
Hechtbauer Hch. Rb.geh.
7*Fiederer Walb. Gastw.we.
Holzer Jos. städt. Angest.
Nietzel Otto Eis.dreh.
8*Schropp Xaver Bauer
Schropp Joh. Landw.
9*Achter Max Bauer
10*Schropp Georg
11*Schulhaus
Steber Joh. Hptlehr.

12*Kirche
13*Gemeindehaus
Ferstl Jos. Hilfsarb.
Heimerl Pet. Hafenarb.
Tretter Joh. Ök.baumstr.
— Wendelin Rentn.
14*Mayer u. Reinhard K.-G. *IR*
Mayer Jos. Betriebsleit.
Hartl Jos. Schlosser
List Andr. Ziegeleiarb.
15*Försterhaus
Scharnagl Frz. fstl. Ob.forstverw.
— Frz. Gärtner
16*Glaab Gottfr. Bäck.mstr.
Dietlmeier Max Metzger
Rieger Gg. Maurer
Schwankl Joh. Schlosser
— Karol. Arb.we.
Spitzer Kath. We.
— Adam Hilfsarb.
Wagner Mich. Schmied
Winkler Mich. Bautechn.
Zarham Joh. Ofenarb.
Birkl Berta Hausangest.
16½*Hable Mar. Krämerin
Hable Rud. Schreiner
— Joh. Friseur
Möbus Ernst Baggerführ.
Lang Jos. Baggerführ.
17*Scharnagl Georg
Scharnagl Anna Kutsch.ehefr.
Salbeck Jos. Schlosser
Seidl Jos. Werkmstr.
18*Kirzl Melitta
Lammel Jos. Büroangest.
Schur Max Gesch.inh.
Rieger Anna Maur.ehefr.
18½*Feichtmayer Gg. Stud.prof.
18⅓*Rödel Joh. Rb.ob.sekr.
19*Bayer. Maschinenfabrik F. J. Schlageter K.-G. *IR*
Urlbauer Jos. Masch.mstr.
19½*Guppenberger Frz. Prokur.
Dobler Mar. Rb.schaffn.we.
19⅓*Auer Maria
Auer Fanny Postagent.
Meyerhofer Matthias Rang.aufs.
19¼*Kehrer Wolfg. Eisenhdlr.
Raß Maria Stütze
19¾*Meyerhofer Matthias Rang.aufseh.
Ziegleder Otto Rb.geh.
Richter Alfr. Pol.ob.wachtmstr.
20*Karl Jos.
Pregler Kath. We.
— Rosa Fabr.arb.
Riedl Andr. Masch.schlosser
Weinzierl Ldw. Fabr.arb.
Wein Jos. Eis.dreh.
21*Raithel Adam Rb.sekr.
Raithel Rich. techn. Rb.sekr.
Roetzer Ther. Ob.lehr.we.
Baur Fritz Stukkat.
Decker Ther. Lageristin
22*Maier Wilh.
Meier Karl Ziegeleiarb.
Baur Mar. Stukkat.we.
— Kath. Strickerin
Joseph Joh. Fabr.arb.
Wagner Jos. Rentn.
Stadler Ther. Arb.we.
23*Englbrecht Joh. Hilfsarb.
Bill Mich. Preßluftniet.
Hahn Frz. Kaufm.
Schwankl Al. Fabr.arb.
Beck Rup. Kontroll.
24*Rodner Ldw.
25*Bauer Aug.
26*Schätz Adolf
Fehm Gg. Werkmstr.
Gerhardinger Hans Eis.dreh.
Haslbeck Jos. Nieter
Beiderbeck Gg. Nieter
Haberzett Marg. Schneiderin
Kotzbauer Marg. Haushält.

25

Dechbetten — Dechbettener Straße

27*Hieke Karl sen. Glasgrav.
Hieke Karl jun. Glasgrav.
28*Huber Jos. Ob.lok.führ. a. D.
Kober Kurt Schlosser
29*Adler Mich. Rb.pensionist
30*Seidl Ant.
Huber Alfs. Schuhm.mstr.
Simon Leo Oberlehr. a. D.
31*Reis Gregor
Dorner Jos. Archit.
Pollmann Engelb. Büroangest.
32*Schätz Al. Eis.dreh.
33*Brückheimer Karl Gärtnereibes.
Brückheimer Ad. Landw.
Breiteneicher Hch. Angest.
34*Transformatorenhaus
35*Guppenberger Jos. Versteigerer
Guppenberger Erich Postbauassess.
36*Sindl Joh. Großbienenzucht
Sindl Johann *IR* Eier- u. Honiggroßhdlg.
Seidl Ant. Schreiner
37*Zapf Ernst
38*Lohberger
Gimbel Hch. Archit.
39*Barth Ottilie
Barth Albr. Verl.insp.
40*Siegert Marg.
Siegert Rich. Kaufm.
41*Seidl Max Schriftsetz.
Guppenberger Kurt kfm.Angest.
Härtl Johanna Wäscherin
42*Haas Hch. Fabr.arb.
Hager Alfr. Schlosser
43*Blaimer Xav. Ob.pfleger
Blaimer Mar. Pflegerswe.
Reitl Frz. Schlosser
44*Buder Anna Verkäuf.
Buder Ad. Ob.bahnwärt. a. D.
Eipperle Hans Rb.insp.
45*Fehm Joh. Masch.schlosser
Gerstl Joh. Wachm.
Stubenrauch Willib. Kaufm.
46*Schmid Jos. techn. Rb.insp.
Schmid Mich.. Lok.führ.
47*Wilhelm Max Dipl.ing.
48*Schicker Gertr. Kontorist.
Schicker Thom. Rb.zugführ.
Link Jak. Kfm.
49*Brodmerkel Wilh. Kaufm.
50*Braun Mar.
51*Buckenleib Jos. Staatsbkbuchh.
52*Rothammer Al. Jos.
Rothammer Joh. Fabr.arb.
— Jos. Ziegelbrenner
53*Weigert Mich. Fabr.arb.
Weichselgartner Ldw. Kraftwgf.
54*Alkofer Jos. Rb.geh.
Brüderlein Osw. Bahnschloss.
55*Röhrl Mich.
Gottschalt Helene Lithogr.we.
Meierhöfer Wilh. Rb.insp.
Hansen Rich. Postamtm.
56*Buder Regina Dienstmädchen
Sichart v. Sichartshofen Hch. Vertr.angest.
Wißmeier Frdr. Feldwebel
57*Eichenseher Gg. Bote
Kreuzer Jos. Magaz.
58*Spanenberger Hs. Schrein.-mstr.
Schinhammer Joh. Kfm.
59*Schichtl Jos. Kfm.
60*Bayerl Rup. Telegr.arb.
Mandl Ldw. Maurer
Székely Joh. Hilfsarb.
Rauscher Jos. Amtsladergeh.
61*Hanfstingl Jos. Schlosser
Birner Ldw. Schlosser

62*Listl Joh. Heizer
Roidl Gg. Schlosser
63*Beer Ernst Masch.schloss.
List Ant. Eis.dreh.
— Maria We.
Mauerer Ldw. Schlosser
64*Dirscherl Pet. Schloss.
65*Weikersdorfer Jos. Masch.-schlosser
Weikersdorfer Jos. Dreher
66*Meyerhofer Ldw.
Bockshammer Hedw. Kontorist.
— Mar. Techn.we.
Feil Karl techn. Rb.insp.
67*Schweiger Jos. techn. Angest.
Schweiger Alb. Maurer
Bruckmeier Gg. Mechan.
68*Brodmerkel
Eibl Hans Wachm.
Trunzer Hch. Zeichn.
Eichhammer Ant. Kutscher
69*Schreiner Phil. Kfm.
70*Krebs Ant. Kfm.
Gjurkovic Mar. Ehefr.
Hertl Viktor Privatbtr.
71*Neudecker Kath. Gesch.inh.
Neudecker Frzka. Private
Langenwalter Fritz Ingen.
Graser Kath. Rb.heiz.ehefr.
72*Achter Gg. Gaswerkarb.
Wedemeyer Ernst Dr. Ing.
Kammermeier Herm. Werkmstr.
73*Eiglsberger
Bartusch Gerh. Waffenmstr.
74*Seckinger Rich. Betriebsleit.
Regler Gg. Stud.rat
75*Huppmann Adam Dipl.ing.
77*Zindel Karl
77½*Zindel Karl Dipl.kfm.
79*Feilitzsch Hugo Frhr. von Major
Feilitzsch Mar. Frfr. von Majorsehefr. 0
80*Wieser Alb. Kfm.
Koch Fritz kfm. Leiter
Huf Barb.

Dechbettener Straße

Führt v. Wittelsbacherpl. nach d. Wallfahrtsort Dechbetten.

1(J)*Brunner Karl Dr. prakt. Arzt 0
1a(J)*Deutsche Reichspost
Burkert Gerh. Postassess., Ing. 0
Roß Friedr. Dr. Ob.postrat 1
— Elise Stud.ratswe. 1
Heyder Karol. We. 2
— Jos. Postob.insp. 2
2(J)*Lehner Mich.
Schreibauer El. Rb.sekr.we. 0
Johannsen Pet. Kfm. 0
Schmitt Jos. Ob.reg.rat 1
Hummel Jos. Pferdeknecht 1 Rg.
Götz Joh. Dienstknecht 1 Rg.
Bauriedl Ant. Rb.geh. 1 Rg.
Schindlberger Gottfr. Bäck. 1 Rg.
Hemauer Joh. Schreiner 1 Rg.
Lehner Mich. Hptlehr. 2
Wendl Marg. Stud.assess. 2
3(J)*Schmetzer Ad. Ob.baurat a. D. 1
Weidlich Hans Konr. Musikinstrum.mach.mstr. 0
Mayer Al. Schreiner 0
Rösch Mar. Köchin 1
4(J)*Götzfried Marie
Götzfried Karl Theod. Dr. Stud.-prof.
Riepl Hugo Dipl.ing. 0

Luftbild Dechbetten

1971: Dechbetten, während des Baus der Westumgehung (heute A93)

Geschichte, Entstehung und Leben im Ort

Dechbetten

Der Ortsname Dechbetten leitet sich vom Zellennamen eines Eremiten ab. Dieser Einsiedler, wohl der erste Bewohner dieser Gegend, nannte seine Zelle *dehtapeta*, was bedeutet „fromme Bitte, fromme Gebete“. In den Emmeramer Traditionen (863–885) taucht der Ortsname erstmals auf. Die Zelle stand wohl auf dem Platz der heutigen Kirche. Von hier aus entstanden erste Ansiedlungen und es wuchs der Ort Dechbetten.

der versunkene Turm nach einem Gemälde um 1850

Im 12. Jahrhundert war der Ort wohl Sitz des edlen Geschlechts der Dechbetter. Einschlägige Urkunden bezeugen in Dechbetten eine Villa, ein adeliges Landgut und einen Herrensitz.
Das Werk der bayerischen Kunstdenkmäler sieht den Rest des einst wasserbewehrten Adelssitzes, im Volksmund „versinkender Turm von Dechbetten“, in jenem Turm, der erst 1869 abgetragen wurde.
Er stand im Garten des heutigen Anwesens Nummer 1 (alt Nr. 10) inmitten eines Weihers

Nach dem Aussterben der Dechbetter kam das Landgut samt Wasserschloss in Besitz des Klosters St. Emmeram. 1536 gehörte es dann den Stiftsdamen von Obermünster. Bis zur Säkularisation 1802 unterstand Dechbetten den Klöstern St. Emmeram und Prüfening. 1810 kam Dechbetten als selbstständige Gemeinde hinsichtlich der Gerichtsbarkeit an Stadtamhof und wurde 1938 in die Stadt Regensburg eingemeindet.

Postkartenansicht vom Emslanderkeller auf Dechbetten 1916

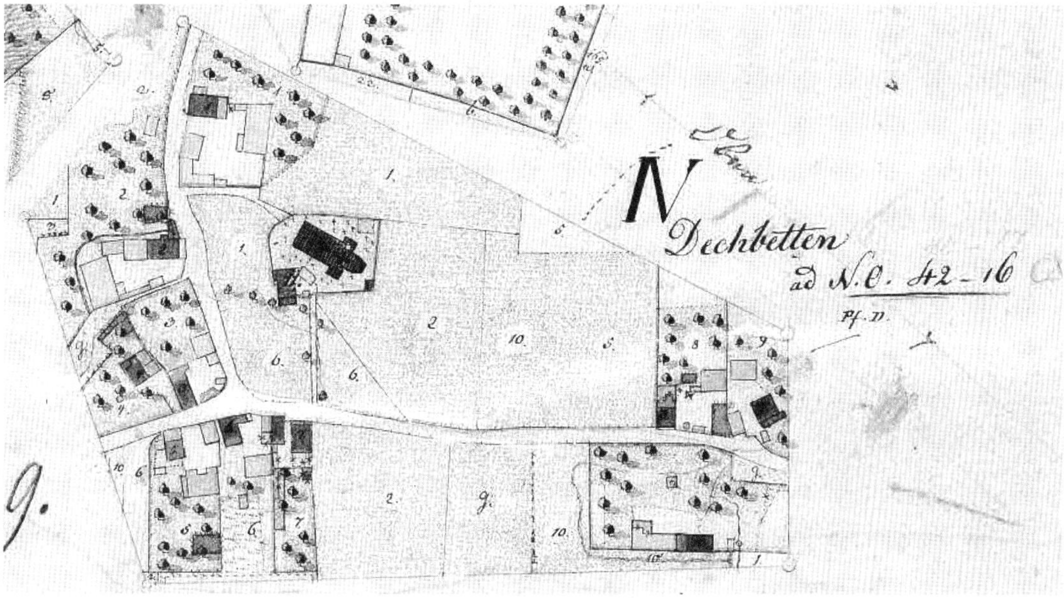

alter Lageplan von Dechbetten aus dem Jahr 1811. Dieser Plan zeigt die ersten Häuser von Dechbetten mit Hausnummern.

Die Gegend um Dechbetten war sehr wasserreich. Die ersten Regensburger Wasserleitungen sowie die Emmeramer Klosterleitung entstammen diesem Quellengebiet.

In einer Senke zwischen Ziegetsdorf und Dechbetten, unterhalb des Gutes Königswiesen, sammelte sich aus den kalkhaltigen Hängen viel Wasser und vereinigte sich zu einem Bach, dem sogenannten Lohgraben, der heute verrohrt zur Donau fließt (siehe Brunnleite). Verschiedene kleine Naturschutzgebiete erinnern noch heute an diese wasserreiche Zeit. Durch den Bau der Westumgehung – heute A93 – und den vielen Gebäuden wurden die unterirdischen Wasserläufe stark verändert. Doch kürzlich, beim Bau der Wohn- und Geschäftsanlage Königshof, stieß man wieder auf reichhaltiges Wasservorkommen. Das überschüssige Wasser musste während der Baumaßnahmen aufwändig zur Brunnstube in Dechbetten geleitet werden.

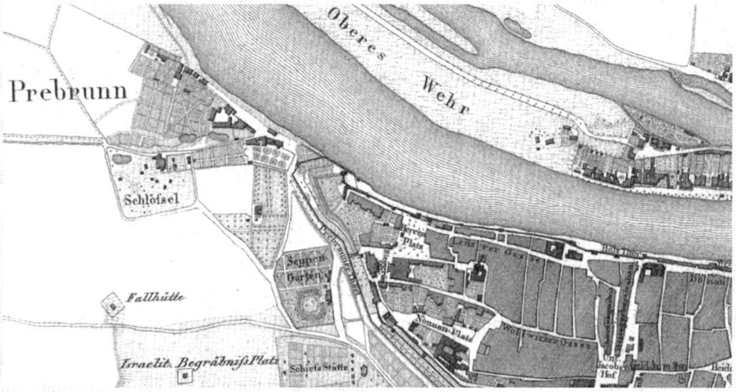

links: In diesem Wäldchen hinter dem Pflanzgarten der Stadt liegen die Lohbachquellen.

rechts: Prebrunn, Schlössl, Mündung des Lohbaches

Das Wasser der ersten städtischen Leitung mit der Brunnstube nahe der ehemaligen Ziegelei entstammt sogenannten Reinhauser Schichten.

links: Brunnstube Dechbetten

rechts: Anstelle des Brunnenhauses von 1549/50 entstand hier 1650 ein kreuzgratgewölbter Raum mit Marmorbänken, Marmortisch, Wassergalerie und Inschrifttafeln.

Das Gelände unterhalb der Brunnstube vor der Bebauung …

… und nach der Bebauung mit moderner Wohnanlage 2022.

Der Straßenname An der Brunnstube (zwischen Prüfeninger Schloßstraße und Ziegetsdorfer Straße) leitet sich von der barocken Brunnstube aus dem Jahre 1549 ab.
Das von der Stadt Regensburg errichtete Brunnenhaus versorgte einst die Stadt mit Trinkwasser. Das Wasser speiste in Regensburg öffentliche Brunnen (Haidplatz, Krauterermarkt, Neupfarrplatz, Arnulfsplatz und Fischmarkt).

Um das Wasser in die Stadt zu leiten, wurden zunächst Baumstämme der Länge nach durchbohrt und verlegt. Da dies nicht von Dauer war, verwendete man ab 1592 Bleirohre. Erst im 19. Jahrhundert wurden die Rohre, nachdem der Bleistiftfabrikant Christoph Rehbach ein Steinbohrverfahren entwickelt hatte, durch Kalksteinröhren ersetzt.

Ein wenig versteckt liegt die Brunnstube St. Emmeram.

Als Satteldachbau 1199 erbaut, 1580 erneuert und 1937 renoviert.

In der Nähe der Schwalbenneststraße war die Wasserleitung des ehemaligen Reichsstifts St. Emmeram.

Die Bewohner Dechbettens waren Bauern und Taglöhner. Um die Jahrhundertwende siedelten sich dann einzelne Industrien am Ort an: 1900 das große Ziegelwerk Mayer und Reinhard (heute Bergbau- und Baggerbetrieb Rösl), 1908 die Maschinenfabrik Schlageter (heute Druckguss Wolf) und 1928 die Sägenfabrik Gottfried.

In Dechbetten gediehen auch die Reben. Bereits 1184 werden dort ein Weinberg und ein Winzer genannt. Die Feldwege hießen damals „Weinbergweg, Weingassenweg".
Zur Erinnerung an den Weinbau gibt es zwischen Dechbetten und dem Schloss Prüfening eine Straße namens „Dechbettener Weinberg".

Als der Weinberg oberhalb der Ziegelei noch aus Feldern bestand.

links: Weinberg – auf der Platte (Foto: Bayerische Vermessungsverwaltung)

rechts: Zwischen den Häusern auf dem Weinberg steht die Statue der Semele, Tochter der Harmonia, Mutter des Dionysos
(Idee, Entwurf und Gestaltung ANA MATT
Guss KUNSTGIESSEREI BAUER
Zur Fertigstellung des Dechbettener Weinbergs 2009
IMMOBILIENZENTRUM REGENSBURG)

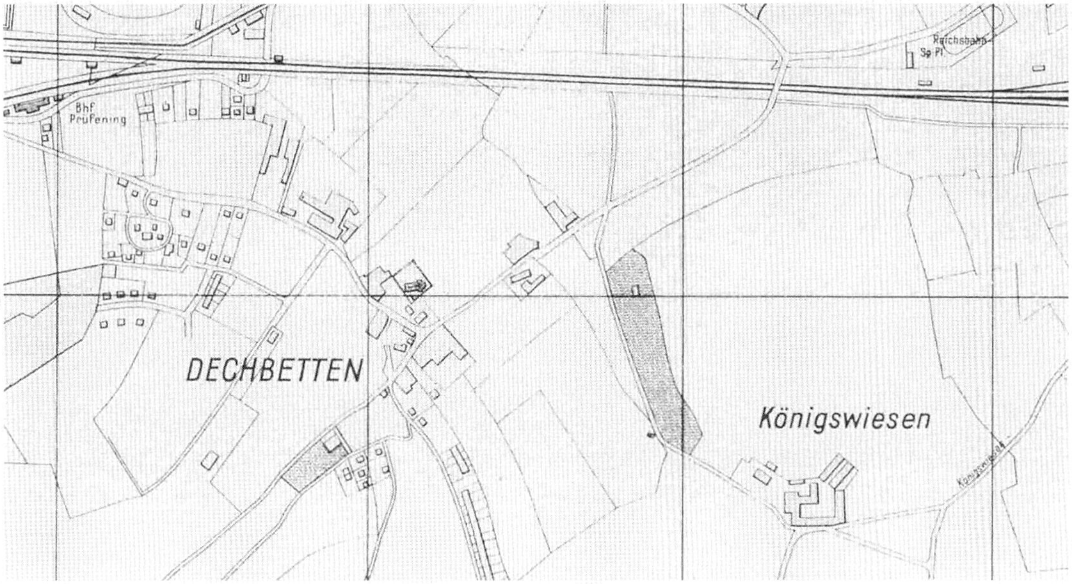

links:
Plan Dechbetten – Königswiesen von 1938

unten:
Durch den Bau der Stadtautobahn 1971 wurde Dechbetten geteilt.

Wallfahrtskirche Mariä Himmelfahrt (Dechbetten 12)

Abt Wolfgang Mohr von St. Emmeram ließ 1722 das bis dahin gotische Kirchlein durch das jetzige barocke Gotteshaus ersetzen. 1726 wurde es eingeweiht. Nach Beschädigung im zweiten Weltkrieg musste sich die Kirche in den 70er Jahren einer umfangreichen, gründlichen Renovierung unterziehen. Im April 1974 feierte man mit Bischof Guggenberger die Wiedereröffnung.

Von den geplanten zwei Türmen wurde nur der nördliche ausgeführt. Sein Gegenstück auf der Südseite gedieh nur bis zur Höhe der Langhauswand. Beachtenswert ist das schön gestaltete Portal mit seinen korinthischen Säulen, der Muschelnische mit einer Madonna mit Kind sowie im Gebälk das Wappen von St. Emmeram. Die Türklinke des Kirchenportals zeigt eine Darstellung von Jonas der vom Walfisch verschlungen wird.

Heute, 2023, bedürfte die Kirche wieder einer umfangreichen Renovierung.

2022

Das Gnadenbild (ca. 1505) ist der Blickpunkt der Kirche. Es ist älter als das barocke Gotteshaus. Schon in der gotischen Kapelle zierte es den Hauptaltar.
Viele Pilger kamen früher nach Dechbetten, um das Gnadenbild zu sehen. Auch Kaiser Ferdinand III. und seine Frau Maria (Elenora) verbrachten so manche Stunden der Verehrung vor dem Bild. Bis zum Jahr 1817 wurde auf seine Veranlassung hin täglich die sogenannte Kaisermesse gefeiert. Die Kronen auf dem Haupt von Maria und dem Kind sind unter anderem ein Geschenk der Kaiserin.
Den gebührenden Rahmen für das Gnadenbild schufen der Bildhauer Simon Sorg, der Schreiner Heinrich Karl und der Bildhauer Andreas Ney. Die Orgel stammt aus dem Jahr 1891. Sie wurde von dem Königswiesener Gutsbesitzer Johann Baptist Ulrich gestiftet.
Auf dem Friedhof befinden sich Grabtafeln der Malerfamilie Gebhard und die sterblichen Überreste des Stuckateur Franz Anton Ney.

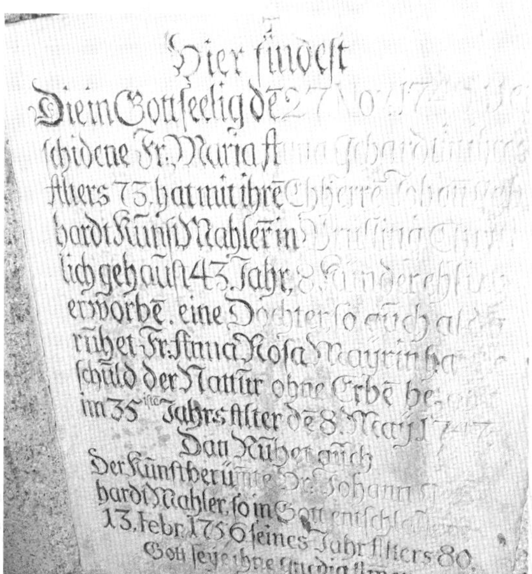

links: Gebhard-Tafel

rechts: Zuylen-Nyevelt-Gruft

Nördlich der Kirche liegt die Grabanlage derer van Zuylen-Nyevelt. Diese alte flämische Familie erwarb 1843 das Schloss Prüfening, das sie bis 1898 besaß. Im selben Jahr kaufte François van Zuylen-Nyevelt das Gut Königswiesen. Er starb 1906 als letzter männlicher Nachkomme und fand im Familiengrab in Dechbetten seine Ruhestätte.

Der Altar der ehemaligen Friedhofskapelle datiert von 1615. Dieser konnte nach einem Luftangriff im Februar 1944 unversehrt aus dem Schutt geborgen werden und befindet sich heute in der Kirche (linke Seite am Ende der Bänke).

links: Altar der Friedhofskapelle

rechts: Blick auf die Kirche aus dem Neyweg

links: 2022 Seiteneingang

rechts: Relief am Seiteneingang links

Blindeninstitut

Auf dem Weg von Großprüfening nach Dechbetten lagen gleich hinter dem Schloss ehemals Felder und Wiesen. Im Winter tummelten sich hier viele Kinder beim Schlittenfahren. 2004 wurde hier das Blindeninstitut gebaut. Der Rodelberg blieb bis heute erhalten.

2005 wurden die neu erbauten, modernen Schul- und Tagesstätten und Wohngebäude – mit Therapieangebot für sehbehinderte oder blinde Kinder, Jugendliche und Erwachsene – an der Brunnstube bezogen.

vor der Bebauung ca. 1995

Baustelle der Blindenschule 2004

Die Blindeninstitutionsstiftung begann im Jahr 1978 von Würzburg aus mit der mobilen Frühförderung „Sehen“ in der Oberpfalz und Niederbayern. Daraus entstand eine Frühförderstelle für Kinder mit Sehbehinderung und Blindheit – mit einem Betreuungsangebot von der Geburt bis zur Einschulung. Das Blindeninstitut Regensburg startete im Jahr 1990 mit zwei Schulklassen und einer heilpädagogischen Tagesstätte in den Räumen der heutigen „Bischof-Manfred-Müller-Schule“. Im Jahr 2005 konnte das moderne Gebäude, das für 100–120 Schüler ausgelegt ist, bezogen werden. Der Neubau ist nach den aktuellen Erkenntnissen gestaltet und eingerichtet. Die optimale Ausstattung der Räume ermöglicht eine hervorragende Förderung und Betreuung.

ca. 2010

2019 wurde mit einem Erweiterungsbau begonnen, der 2023 fertiggestellt wurde.

Huber Schuhmachermeister, Prüfeninger Schloßstraße 13 (Dechbetten 30)

Im Jahre 1935 eröffnete der Schuhmachermeister Alfons Huber in Dechbetten eine Meisterwerkstatt für Maßschuhe, die 2023 nun bereits in der 4. Generation geführt wird.

Schusterwerkstatt bei der Eröffnung

Februar 2022

Aumeier Bedachungen, An der Brunnstube 2a (Dechbetten 1½)

Die Ziegelei hatte nicht nur in der heutigen Ziegetsdorfer Straße Häuser bzw. Wohnungen für ihre Mitarbeiter, auch An der Brunnstube gab es einige davon.

Fotos rechts: An der Brunnstube 2a (oben) und 2b (unten)

Die Familie Aumeier wohnte Defreggerweg 10, im Hause der Familie Xaver Schropp. Bei Spaziergängen fiel ihnen das abbruchreife Haus An der Brunnstube ins Auge. 1978 konnten sie dann das Grundstück von der Firma Reinhard und Mayer (Hr. Ulrich) erwerben. Das große Haus 2b wurde abgerissen, das nebenstehende Gebäude wurde umgebaut. Seit dieser Zeit sind die Aumeiers mit ihrer Bedachungsfirma, die mittlerweile Sohn Andreas führt, hier ansässig,

Aumeier, An der Brunnstube 2a, längliches Gebäude 1958

2023

Forstverwaltung, Prüfeninger Schloßstraße 45 (Dechbetten 15)

Für die Mitarbeiter der Thurn-und-Taxis-Forstverwaltung wurde dieses Gebäude einst errichtet. Heute ist es in Privatbesitz.

links: Prüfeninger Schloßstraße 9 (Dechbetten 26)

rechts: Prüfeninger Schloßstraße 18 (Dechbetten 41)

Zwischen diesen beiden alten Häusern waren noch der Schuster (Dechbetten 30) und die Post (Dechbetten 19 ⅓)

Nördlich der Bahnlinie

Zur urspünglichen Gemeinde Dechbetten gehörten auch Gebiete nördlich der Bahnlinie. Es handelte sich um (Dechbetten 17) Scharnagl, später Rennweg 5, das Haus (Dechbetten 33), ehemalige Gärtnerei Brückheimer, ab 1954 Prüfeninger Straße 141a, sowie das Anwesen (Dechbetten 57) Eichenseher, das 1943 durch einen Blindgänger, der dem Messerschmittwerk galt, total zerstört wurde. Der Fotograf Christoph Lang hat hier eindrucksvoll das Leid festgehalten. Das Haus wurde erst drei Jahre vor der Zerstörung fertiggestellt.

Auf dem Bild sieht man links die Gärtnerei und rechts (Dechbetten 57). Im Hintergrund: Dechbettener Kirche, Ziegelei und Bahngleise.

heute Prüfeninger Straße 141 (Dechbetten 57)

An diesem Haus lief früher die Werksbahnlinie zum Messerschmitt und danach zu den Industriegebieten im Westen vorbei. Das Gleis endete in der Hermann-Köhl-Straße bei der Spedition Kiessling.

Auf dem Foto sieht man den ehemaligen Bahnübergang und die letzte Fahrt einer Dampflok auf dem Industriegleis.

Bayerische Maschinenfabrik Schlageter (Dechbetten 19)

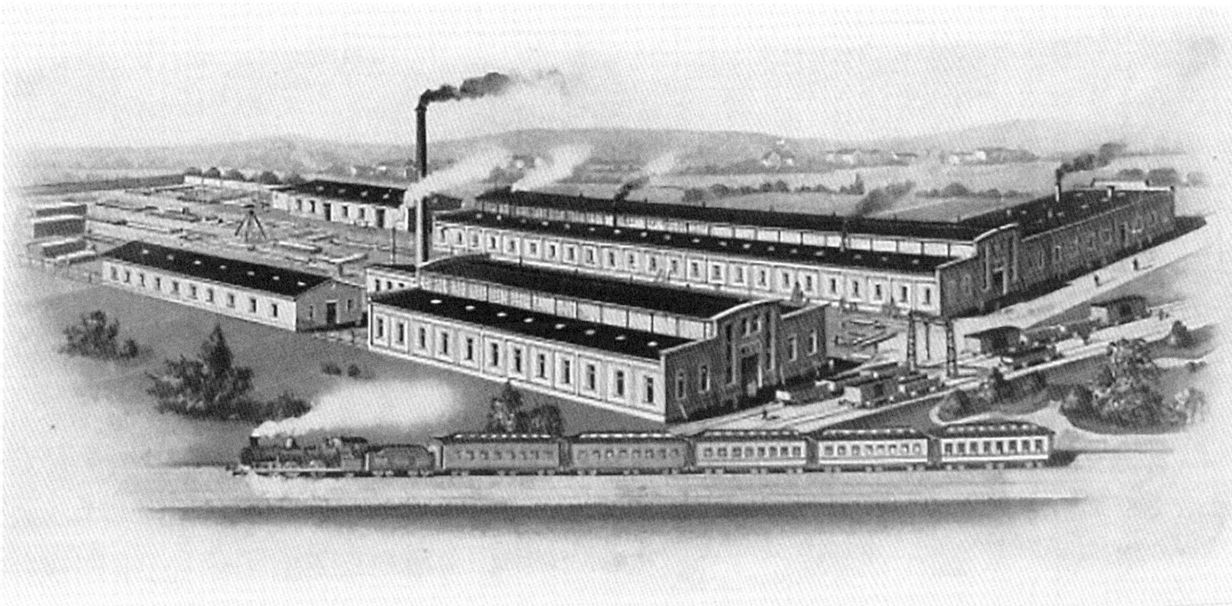

Fabrikansicht.

Im Jahre 1863 gründete Ingenieur Josef Schlageter die Maschinenfabrik Vilshofen.
Das Unternehmen widmete sich der Herstellung von einfachen Maschinen für die Lederindustrie. Auch Triebwerksteile für Müllereien, Sägewerke und landwirtschaftliche Geräte wurden hergestellt.
Auf Anregung der Lederindustrie befasste sich der Firmengründer mit der Lösung von Problemen bei der Mechanisierung der Arbeitsmethoden in der Gerberei. Es gelangen ihm beachtliche Erfolge und er hatte nicht nur in Deutschland einen guten Ruf.
Als J. Schlageter am 1.August 1892 verstarb, übernahm sein Schwiegersohn Adolf Scholz die Firma und erwies sich als würdiger Nachfolger. Unter seiner Leitung wurde eine Reihe neuartiger Maschinen gebaut. Um die Jahrhundertwende entschloss sich Adolf Scholz, nur noch Gerbereimaschinen zu bauen.

1908 übersiedelte die Firma, aufgrund des längst zu klein gewordenen Betriebsgeländes, nach Regensburg. Der Betrieb, der sein Fertigungsprogramm immer weiter vergrößerte, nannte sich ab dann „Bayerische Maschinenfabrik F. J. Schlageter Regensburg“ und lieferte seine Maschinen nicht nur nach Deutschland, sondern damals schon weltweit. *1914*

Journal der IHK von 1914

1925 trat sein Sohn Dr. Ing. Adolf Scholz als Teilhaber in die Firma ein und übernahm, nach dem Ableben seines Vaters am 31. Mai 1931, den Betrieb. Er hat die Fabrik gut durch die Krisenjahre 1931–1933 gebracht und verstand es, das Werk weiter auszubauen. Nach seinem Tod übernahm seine Frau Elisabeth Scholz die Geschäfte. Danach leitete Sohn Hermann Scholz die Firma alleine, nachdem sein Bruder am 8. Februar 1958 überraschend den Folgen eines Herzinfarktes erlag.

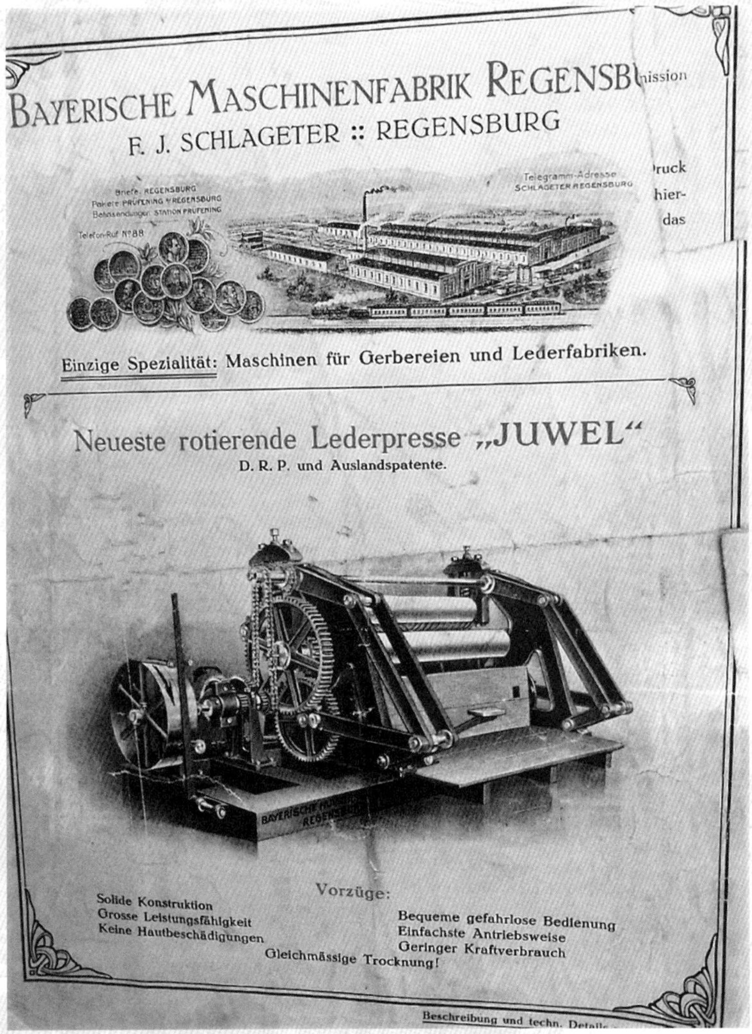

So sah damals die Werbung aus.

Viele junge Männer aus Dechbetten und Großprüfening gingen bei der Firma Schlageter in die Lehre. So auch Josef Heudecker, vom 25. Mai 1925 bis 24. Mai 1928. Danach war er zwei Jahre arbeitslos. Im Juni 1930 fand er, bis zu seiner Einberufung, Beschäftigung bei der Firma Sägen Gottfried. Am 15. April 1940 kam er tragischerweise bei einem Autounfall im Dienst zu Tode.

1977 musste die Firma Schlageter Insolvenz anmelden. Das Gelände mit den Betriebshallen wurde von Druckguss Wolf übernommen.

Druckguss Wolf

Willi Wolf gründete 1933 ein Elektrogeschäft in der Donaustaufer Straße. Nach dem Krieg fand er auf der Suche nach etwas Nützlichem in einem Eisenbahnwagon zwei Maschinen. Ohne zu wissen, wozu sie zu gebrauchen sind, sicherte er sie sich. Als sich herausstellte, dass es sich um Zinkdruckmaschinen handelte, nahm er Kontakt mit der Nürnberger Firma Hengstler auf, um für sie Zählergehäuse zu produzieren: „Druckguss Wolf" war geboren. Das war 1947. Nachdem man jahrzehntelang zweigleisig fuhr, spezialisierte man sich Mitte der 70er Jahre voll auf den Druckguss und gab das Elektrogeschäft auf. 1977 wurde der Betrieb nach Beschwerden der Anwohner von Reinhausen in die Prüfeninger Schloßstraße verlagert und der Alu-Druckguss eingeführt. Dadurch fand man Zugang zur Automobilindustrie, wo das Leichtmetall ebenso wie in der Elektroindustrie eine wichtige Rolle spielt. Geschäftsparter sind u. a. BMW, Grammer, Bosch, Siemens usw.

links: Artikel in der MZ vom 15. Februar 2006

rechts: 2021

Seit 1994 sind Wilhelm Rambold (ein Enkel des Gründers Willi Wolf) und seine Frau Barbara am Ruder. Als ihnen 2005 das Areal der ehemaligen Ziegelei östlich des Druckguss-Werkes zum Kauf angeboten wurde, schlug Rambold zu und holte sich mit M. Klemens einen jungen, erfahrenen Immobilienexperten mit ins Boot. Mittlerweile stehen, wie damals geplant, ein Ärztehaus und ein Hotel auf dem Grund.

Mitte September 2022 musste das Regensburger Druckguss-Werk Wolf aufgrund der sprunghaft angestiegenen Kosten Insolvenz anmelden.

Nach monatelanger Käufersuche übernehmen jetzt mit Altenbuchner und Astaller zwei erfahrene Regensburger Unternehmer die Firma. Alle insgesamt 1640 Arbeitsplätze bleiben erhalten, 250 davon in Regensburg.

Gaststätte Dechbettener Hof, Dechbetten 11 (Dechbetten 7)

Die Wirtsleute Simon und Walburga Fiederer mit Sohn Karl

Fotos aus der Zeit nach den Kriegseinwirkungen

Nachdem Karl und Karolina Fiederer von 1958–1964 als Pächter des Kneitinger Gartens und von 1964–1966 als Betreiber einer Kantine Erfahrung in der Gastronomie gesammelt hatten, ließen sie 1966 das durch den Krieg schwer beschädigte Wirtshaus der Eltern abreißen und errichteten eine neue Gaststätte, den Dechbettener Hof.

Von den drei Kindern der Fiederers arbeitete Tochter Carola und Sohn Karl mit im elterlichen Betrieb.
Sohn Karl pachtete 1980 ein Café-Restaurant in Au / Bad Feilnbach. 1988 übernahm er dann mit seiner Frau Rosi in Tattenhausen das Gasthaus der Schwiegereltern.
Tochter Claudia lernte im Allgäu Hotelkauffrau und arbeitete dann in der Schweiz. Hier hat sie ihren Mann Bruno Mascarello kennengelernt. Zusammen mit ihrem Mann übernahm sie 1983 die gut gehende Wirtschaft in Dechbetten. Seitdem gibt es außer bayerischen Schmankerln auch Spezialitäten aus der Schweiz.

Karl und Karolina Fiederer, geb. Feihl aus Deining

Mitte 2013 hat ihr Sohn Florian Mascarello den Betrieb übernommen. Seit seiner Hochzeit 2018 führt er das Haus mit seiner Frau Julia nun bereits in vierter Generation.

Tochter Andrea Mascarello hat nach einer Ausbildung in der Gastronomie ein anderes Betätigungsfeld gefunden.

v. l.n.r.: Bruno, Julia, Florian und Claudia Mascarello

Dechbettener Hof 2023

Vor dem Bau der Stadtautobahn ging die alte Straße vorbei am Dechbettener Hof und McDonald's weiter nach Kumpfmühl.

Heute verläuft in der Bildmitte …

… direkt neben dem Dechbettener Hof die Autobahn (ca. 1980).

Ausschank- und Pachtverträge für die Gaststätte Dechbettener Hof

1911 Zirngibl Josef – Er betrieb neben dem Emslander Keller in einem alten Steinbruch (Eigentum der Gemeinde) unbefugterweise einen Bierausschank mit dem Namen „Wolfsschlucht". Diesen hatte er sofort einzustellen und die aufgestellten Tische und Bänke zu entfernen.

1919 Fiederer Simon

1934 Röhrl Max aus Großprüfening

1935 Schmid Johann im August, dann Holzer Maria

1943 Sparrer Therese und Burckhard

1944 im März: durch Fliegerangriff schwer beschädigt

1944/45 dann Pachtvertrag Brunner Christine

1945 September: Antrag Fiederer Karl (Sohn von Simon u. Walburga Fiederer)

1949 Feicht Maximilian Brauerei Bischofshof (Familie Fiederer war Pächter des Spitalgartens)

1954 Feicht Wilhelm – Erster Vertrag mit der Kneitinger Brauerei. Besitzer Karl Fiederer wurde aufgefordert, die baulichen Mängel zu beseitigen

1966 dann Abriss und Neubau durch die Besitzer Karl und Karolina Fiederer

Glaab, Dechbetten 18 (Dechbetten 16)

rechts im Bild das Glaab-Anwesen, links das Haus von Familie Meyerhofer/Bogner ca. 1960

2023

Freunde Dechbettens – Auf Initiative von Winfried Wolf und einer Skizze von Herfried Glaab, wurde das Großbild „Dechbettener Wunsch- und Alpträume" des Malers Rudolf Reinl 1990 in der Ortsmitte am Meyerhofer-Haus installiert.

Eine Postkarte von 1916 zeigt das schöne Anwesen, das die Familie Glaab Mitte der 20er Jahre erwarb.

links: Hable-Haus

Im Gebäude der Familie Glaab betrieb Max Dietlmeier (1903–1955) mit seiner Frau Betty (1901–1972) als Pächter eine Metzgerei und Gastwirtschaft.

Backstube von Gottfried Glaab sen. (rechts), die Söhne Gottfried (links) und Anton (Mitte) ca. 1930

Sohn Gottfried Glaab (1925–1958) hat nach seiner Heimkehr aus der Kriegsgefangenschaft 1947 mit seinen Brüdern in der Bäckerei seines Vaters Gottfried (1889–1945) in Dechbetten gearbeitet. Im Mai 1949 heiratete er Rosemarie, geb. Rieger, und wurde Bäcker- und Konditormeister. Er übte diesen Beruf bis 1956 aus. 1958 starb er an den Folgen der Gefangenschaft. Die Bäckerei wurde verpachtet an Ambros Hutter aus Neutraubling, der den Betrieb bis zur Auflösung 1963 führte.

Gottfried Glaab sen. und Gottfried jun.

Anton Glaab übernahm 1949 mit seiner Frau Anna, geb. Schindlbeck, (1921–2015) die Bäckerei Schamberger in Schwandorf. Es folgten Sohn Gottfried und seine Frau Berta. Heute ist die Firma in Händen der nächsten Generation, Christian Glaab, der 2021 in der Innenstadt von Regensburg eine Filiale eröffnet hat.
Emil Glaab (1921–1999) hatte mit seiner Frau Ernie (1924–2014) eine Bäckerei in Boppard am Rhein.

2023

In den 80er Jahren wurden leider die Zwiebeltürme abgetragen. Heute ist das Anwesen im Besitz der Familie Mascarello.

Meyerhofer, Schwalbenneststraße 2 (Dechbetten 3)

Das Anwesen (Dechbetten 3) kaufte der aus Ziegetsdorf stammende Franz-Xaver Meyerhofer (1859–1935). Er wohnte hier mit seiner Frau Barbara, geb. Fochtner, (1853–1927) und den Kindern.
Ihr Sohn Xaver (1882), im Ersten Weltkrieg 1917 in Frankreich vermisst, war verheiratet mit der um viele Jahre älteren, aus Sachsen stammenden Protestantin mit Kind, Olga Gäßner (1863–1927). Zur damaligen Zeit ein absolutes No-Go.
Sohn Ludwig (1884–1945) und seine Frau Anna, geb. Soller, (1893–1978) hatten zwei Kinder, Wolfgang (1921–1939) und Helene (1925–2001), die mit ihrem Mann Josef Bogner (1922–1975) und Sohn Wolfgang (1960–2022) in Dechbetten blieb.

Goldene Hochzeit von Franz-Xaver und Barbara Meyerhofer am 10. Februar 1934

Ludwig und Anna Meyerhofer mit den Kindern Helene und Wolfgang in Dechbetten

Michael (1899–1959) und Frau Barbara, geb. Kinastl, hatten vier Kinder: Michael (1920–2015), Berta (1921–1996), Max (1927–2016) und Kuno (1934–2001).

Geschwister und Eltern bei der Hochzeit von Max und Berta am 6.6.1951

Der Ehe von Max und Berta Meyerhofer entstammen Maximiliane (1956–2020), Helmut (*†1958) und Berthold, der im Elternhaus der Mutter wohnt, Architekt in Bad Abbach ist und von 2001–2012 das (ital. Restaurant) La Gondola erfolgreich betrieb.
Viele Mitglieder der Meyerhofer-Familie fanden ihre letzte Ruhestätte in Dechbetten.

Bildmitte: Hable-Haus

Das Haus (**Dechbetten 16 ½**) und der große Garten gehörten Maria Hable (1878–1965). Sohn Johann (1913–1977) betrieb im Haus einen Frisörsalon und seine Frau Emmi (1923–1978) einen Lebensmittelladen. Tochter Helga Kleinknecht verkaufte später an Familie Mascarello.

Familie Mayer erwarb in den 50er Jahren ein Teilstück dieses Gartens. 1975/76 bauten hier Norbert und Elisabeth Dollinger, geb. Mayer, ein Einfamilienhaus.
2021 wurde das Haus verkauft und E. Dollinger zog ins Nachbarhaus.

So sieht es heute aus.

Emslander Keller, Schwalbenneststraße 15 (Dechbetten 4 ½)

Mit Alise Emslander verstarb 2017 im Alter von 92 Jahren die letzte Vertreterin einer ehemaligen Privatbrauerei. 1955 heiratete sie den damals bedeutendsten Brauer der Stadt, Fritz Emslander. Ihre Schwiegereltern Fritz – ein Bierpionier, der ein Weltpatent auf Läuterhähne (trennt die Würze von der Treber) hatte – und Kreszenz Emslander aus Eichhofen erhielten 1904 die Brauerei (gegründet 1672) als Geschenk zur Hochzeit.

1970 endete die Brauereigeschichte. Geblieben ist damals unter anderem der Emslander Keller in Dechbetten und das Brauhaus mit dem schönsten Balkon am Arnulfsplatz.

Vermutlich wurde der Keller in Dechbetten, der lange Zeit unter Unrat und Müll verborgen lag, einst zur Lagerung von Wein (der hier angebaut wurde) und im Krieg als Bunker genutzt. Einige Zeit soll er auch zur Zucht von Champignons gedient haben.

Rechts neben dem Emslander Keller (Bildmitte) waren damals noch Felder und Wiesen.

Heute, 2023, stehen auf diesen Feldern Reihenhäuser.

Fritz Emslander hatte dem historischen Gemäuer wieder Leben eingehaucht, die beiden Keller vergrößert und Bierfässer gelagert. Auf den Kellern errichtete er eine Ausflugsgaststätte.

Februar 2022

Viele Wirte haben hier schon ihr Glück versucht: u. a. auch Ludwig und Elfriede Ebensberger aus Sinzing 1953–1956. Seit ca. 10 Jahren gibt es hier diverse Spielhallen und das schön gelegene Lokal steht leider leer.

Krieger- und Soldatenverein Dechbetten

Der Krieger- und Soldatenverein Regensburg-Dechbetten wurde Mitte 1923 von 28 Personen in der Gastwirtschaft Fiederer gegründet. Anlass waren die im Ersten Weltkrieg gefallenen 10 und 4 vermissten Soldaten aus Dechbetten. Ihnen wurde 1927 im südlichen Bereich des Friedhofes ein Ehrenmal errichtet. Nach dem Verbot der Kriegervereine durch Hitler wurde der Verein im Dezember 1956 durch 12 Kameraden wiedergegründet. Erster Vorstand war Adam Raithel. Ihm folgte für 37 ½ Jahre Sebastian Weigert, ab 1995 dann Norbert Dollinger, der 2013 das Amt seinem Sohn Markus übergab. 1998 wurde eine neue Platte mit den Namen der 37 Kriegstoten des Zweiten Weltkrieges am Ehrenmal angebracht.

Fahnenweihe, Kriegerverein Dechbetten 1925

Einweihung des Ehrenmals im Juli 1927

*oben:
Mitglieder des Kriegervereins nach einer Gedenkmesse 1986*

*großes Bild:
Diese Bank mit Blick auf das Ehrenmal lädt ein zu Besinnung und Gebet (2022).*

*unten:
Ehrenmal von der Rückseite, dahinter steht noch das alte Schulhaus.*

Im August 2023 feierte der Krieger- und Soldatenverein sein 100-jähriges Bestehen.

Freunde Dechbettens e.V. – gemeinnütziger Verein von 1989

Die Gründung des Vereins dient zum Zweck der Verbesserung von Wohn- und Lebensqualität in Dechbetten. Initialzündung war u. a. ein MZ-Artikel, wonach die ehemalige Tongrube als möglicher Standort für eine Klärschlammdeponie vorgesehen sei. Beeinträchtigung durch Lärm- und Luftverschmutzung vom Autobahnverkehr einerseits, hohes Verkehrsaufkommen in der Ziegetsdorfer Straße andererseits sowie speziell an Wochenenden starker Zielverkehr zu Kirche und Gastronomie im Ortskern waren neben dem Schutz des Biotops (ehemalige Tongrube) die vorherrschenden Gründe dafür.

Den Vorstand bildete damals Herfried Glaab mit Wolfgang Rothammer. Zur Vorstandschaft gehörten Schriftführerin Birgit Glaab, Kassiererin Helga Augustin sowie die Sprecher für Umwelt und Natur Franz Wartner, für Ortsgestaltung Theo Blaimer, Verkehrsberuhigung K. H. Reiter und Winfried Wolf für die Öffentlichkeitsarbeit.

Zur Gründung waren es ca. 70 Mitglieder, Mitte der 90er Jahre zählte der Verein dann 114 Mitglieder. Ab 2001 folgten als 1. Vorsitzender zunächst K.H. Reiter und dann bis ins Jahr 2023 Franz Wartner mit zuletzt nur noch 25 Mitgliedern. In Anwesenheit von 14 Mitgliedern wurde am 11. Mai 2023 bei der Jahreshauptversammlung beschlossen, den Verein aufzulösen.

Bilder vom Gründungsfest der Freunde Dechbettens 1989

Die bedeutendsten Erfolge und bleibende Erinnerungen der Vereinsgeschichte:

– Gründungsfest mit Besuch von OB Viehbacher und -Kandidatin Christa Meier

– Erstellung eines Stadtteil-Sanierungskonzepts, vorgestellt im Plenum des Stadtrates

– Einberufung einer außerordentlichen Bürgerversammlung – durch dazu nötige mind. 400 Unterschriften aus Dechbetten

– Organisation des Oratoriums „Die Schöpfung“ von Haydn in der Wallfahrtskirche Dechbetten mit Chor St. Anton und einem Ensemble der Prager Philharmonie

– Tempo 30 in der Ziegetsdorfer Straße als erste Umsetzung dieser Art in Regensburg

– Unter-Schutz-Stellung des Orchideenstandortes an der ehemaligen Tongrube

– Neugestaltung des Kinderspielplatzes An der Brunnstube

– zweite Friedhofserweiterung

– Wandbild „Dechbettener Wunsch- und Alpträume“ am Meyerhofer-Haus im Ortskern, gemalt von Rudolf Reinl (restauriert von Lu Treitinger) nach Entwurf und Vorgaben des Gründers Herfried Glaab

Wandbild am Meyerhofer-Haus

rechts:
Platz vor dem Dechbettener Hof: Aufstellen des Kirtabaums und gemütliches Beisammensein

links und unten:
Sommerfest 1991 mit Gottesdienst, gestaltet mit Kinderchor unter der Leitung von Herfried Glaab

Aufführung des Oratoriums „Die Schöpfung“ von Haydn in der Wallfahrts-kirche, Leitung Christoph Böhm, Chor St. Anton mit einem Ensemble der Prager Philharmonie, durch Organisa-tion der Freunde Dechbettens

Die Mariensäule von 1708 steht an der Ecke vom Parkplatz bei der Kirche und der Gaststätte.

Islinger, Schwalbenneststraße 1 (Dechbetten 6)

Das Anwesen soll ca. 500 Jahre alt sein und einmal einer Familie Hackl gehört haben. Ein Islinger hat eingeheiratet und so dem Hof seinen Namen gegeben.
1939 lebte auf dem Islingerhof der Landwirt Wolfgang Islinger (1869–1955) mit seiner Frau Helene (1876–1955) und den fünf Kindern. Sohn Sebastian ist 1944 gefallen.
Anton (1904-1976) und Franziska (1907-1977) Islinger hatten einen Sohn namens Hermann; er übernahm das Anwesen.

Wolfgang und Helene mit den Kindern Anton, Ferdinand, Wolfgang, Sebastian und Helene

Das Haus links wurde verkauft an Familie Schäffer, die dort einen Tante-Emma-Laden hatte. Später war es im Besitz der Firma Stahl; heute gehört es Familie Mascarello. Das Gebäude rechts blieb im Besitz der Islingers.

Mitte der 80er Jahre wurde durch die damaligen Besitzer Hermann und seiner Frau Ingrid aus dem ehemaligen Hühnerstall im Garten ein Saloon. Hier trafen sich regelmäßig friedlich Cowboys und Indianer. Donnerstags kamen gerne die Freunde Dechbettens zum Islinger.

bei den Tipis im Garten

Nach dem Ranchfest an Ostern, zu dem Gäste aus ganz Deutschland kamen, fand Pfingsten immer ein Ausflug nach Horní Planá (CZ) statt, zu einem Treffen mit Gleichgesinnten.

***links:* Freitags gab es immer schöne Country-Music oder fetzigen Rock and Roll im Saloon.**

***rechts:* Feier zum gemeinsamen 120. Geburtstag von Ingrid (1939–2017) und Hermann (1939–2018)**

Nachdem beide verstorben sind, löste sich diese Gemeinschaft auf. Heute leben Urenkel von Wolfgang und Helene auf dem Anwesen.

Cowboy-Club Regensburg 1960 e.V.

1959 waren einige junge Männer beim Bund auf die Idee gekommen, einen Cowboy-Club zu gründen. Von anfänglichen Problemen, Rückschlägen, Streit, Behördeneinwänden und Verboten ließen sich die Vereinsmitglieder nicht unterkriegen und übten sich fleißig mit Lasso, Peitsche, Messer- und Tomahawkwerfen, Bogenschießen und Tanzen.
Die ersten Auftritte wurden mit viel Beifall bedacht und weckten das Interesse bei den in Regensburg stationierten Amerikanern. Es folgten Auftritte für die US-Army. Ein eigenes Grundstück zu bekommen, gelang erst drei Jahre später unter OB Schlichtinger, der 1963 den Platz des ehemaligen Steinbruchs, die sogenannte „Wolfsschlucht" in Dechbetten zur Verfügung stellte. Mit Hilfe der Freunde aus der US-Army die mit Bulldozer und Bagger halfen den Schutt zu beseitigen, konnte die Westernstadt 1965 beim Pfingst-Rodeo eingeweiht werden.

links oben: der Cowboy-Club zu seinen besten Zeiten

links unten: der Cowboy-Club 1981

rechts: Tag der offenen Tür 2000

Im Jahre 2010 konnten Mitglieder, Freunde und Partner auf eine 50-jährige, bewegte Geschichte zurückblicken. Die Westernstadt wird mit Hilfe aller sicher auch das nächste halbe Jahrhundert überdauern.

Ziegelei (Dechbetten 14)

1898 gründete Anton Mayer die Ziegelei in Dechbetten. 1901 wurde Rudolf Reinhard Teilhaber der Firma. Nach der Eröffnung einer betriebseigenen Kantine folgte drei Jahre später eine firmeneigene Krankenkasse. Mayer & Reinhard hatten eine eigene Lorenbahn und sogar einen zweigleisigen Bahnanschluss.

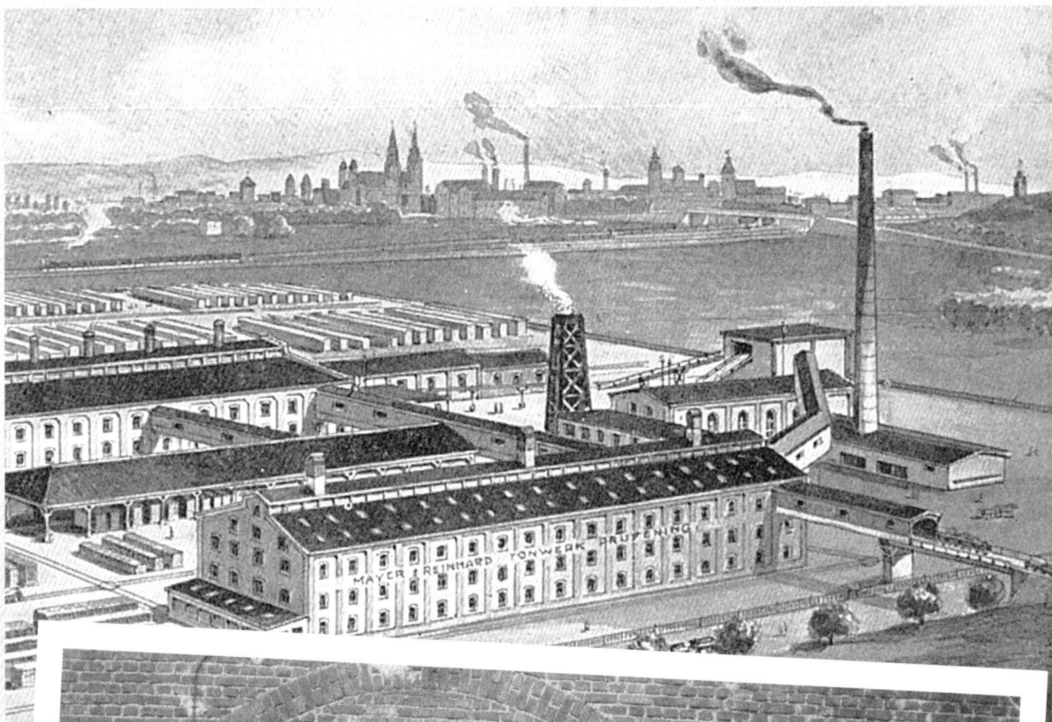

im Ziegelwerk 1925

Feldbahnbetrieb 1979

Die Lorenbahn brachte das Material zur Ziegelei und war bis weit in die 70er Jahre in Betrieb. Im Hintergrund des Fotos ist das in den 60er Jahren erbaute Königswiesen zu sehen..

Blick auf die Wallfahrtskirche ca. 1998

Ein Arbeiter beim Befüllen der Loren. Die Lorenbahn konnte durch die Fa. Rösl erhalten werden und wird gelegentlich an Tagen der offenen Tür eingesetzt. Im Hintergrund steht der Emslander Keller

Mittels einer Seilbahn gelangte durch diese Überführung das Material in die Ziegelfabrik.

Hier zeigen sich schon sichtbare Zeichen des Verfalls nach Auflösung des Ziegelwerkes 1997.

Heute steht ein Best Western Hotel auf dem Platz der ehemaligen Ziegelei. Das Restaurant trägt zur Erinnerung daran den Namen „Alte Ziegelei“.

Auszug aus „100 Jahre Friedrich-Zeche" im Jahre 2003

Die sich nahtlos in die Stadtlandschaft einfügende Friedrich-Zeche lag bei der Verleihung des Bergwerkeigentums 1903 noch weit vor den Toren der Stadt. Mit dem ehemaligen Ziegelwerk (bis 1997) war der Zweck der Nachbarschaft leicht nachvollziehbar: hier Abbau und gleich nebenan die Verarbeitung.
Auch heute werden noch Betriebe in der Umgebung mit Rohstoffen versorgt. Die Anforderungen an den Betrieb einer Grube haben sich allerdings geändert. Die Rohstoffgewinnung ist nur noch ein Teil des Betriebssystems. Die Wiederherstellung der ursprünglichen Landschaft durch Verfüllen und Renaturisierung bis hin zur Schaffung von Biotopen hat große Bedeutung gewonnen.
Bereits im 17. Jahrhundert schlagen und brennen Mönche aus St. Emmeram hier in Dechbetten Ziegel für den Barockumbau von Kirche und Kloster.
Im Ersten Weltkrieg musste der Betrieb für kurze Zeit stillgelegt werden, da es zu wenige Arbeiter gab.

1929 durch die Wirtschaftskrise wieder eine kurze Betriebsstilllegung

1933 allgemeine Belebung der Bauwirtschaft

1937 Modernisierungsarbeiten und Neubau von Lagerhallen – mitten im Umbau Beginn des Zweiten Weltkriegs

1941 Fertigstellung der Bauarbeiten

1945 Nach kurzer Unterbrechung zur Beseitigung der Kriegsschäden geht die Ziegelei wieder in Betrieb.

1949 Nach dem Tod von Anton Mayer übernimmt Rudolf Ulrich die Firmenleitung und erreicht nach langwierigen Verhandlungen, dass die geplante Trasse der A3 verlegt wird und der Bestand der Grube gesichert ist.

1972 Mit Abschluss einiger Neubauten steht in Dechbettten eines der modernsten Ziegelwerke.

1973 Wachsender Konkurrenzkampf und Preisdruck veranlassen Wilhelm Ulrich zum Verkauf des Traditionsbetriebes 1981 an die Renz GmbH.

1982 Abbau der Lorenbahn

1983 Rohstoffabbau durch die Firma Rösl KG

1997 Schließung des Ziegelwerkes

2000 Die Gerhard Rösl KG übernimmt das Gelände und bietet folgende Leistungen: Erdbau – Abbruch – Transport, Entsorgung und Recycling, Steine und Erden.

2004 Eröffnung des Lehrpfades für Geologie, Landschaft und Rohstoffabbau zur öffentlichen Nutzung

2014 Neubau des Verwaltungsgebäudes

2020 In Kooperation mit der IG Gesunder Boden e.V. wird auf dem Betriebsgelände der Bodenentdeckungspfad „Mensch trifft Boden" realisiert.

Gelände der Firma Rösl

2022

Lehrpfad der Firma Rösl seit 2004

Beim Tag der offenen Tür wird auch die Lorenbahn am Lehrpfad in Betrieb genommen.

Tag der offenen Tür am Abbaugelände Firma Rösl

Alle paar Jahre veranstaltet die Firma Rösl einen Tag der offenen Tür, bei dem Kinder- und Väterherzen höher schlagen. Sie dürfen auf Allrad-Fahrzeugen durchs Gelände fahren und Bagger selbst steuern.

links: Tag der offenen Tür 2015

rechts: Lehrpfad

ehemaliger Weiher am Röslgelände

Hier trafen sich im Winter die Dechbettener und Prüfeninger zum Eisstockschießen.

Sindl (Dechbetten 36) oberhalb der Brunnstube

Johann Sindl wurde 1875 in Regensburg geboren. 1899 ehelichte er Rosina Sindl, geb. Ostermeier, aus Straubing, mit der er über 60 Jahre verheiratet war. Nach der Rückkehr aus französischer Kriegsgefangenschaft erwarb er das Grundstück in Dechbetten und errichtete ein Wohn- und Bienenhaus. Er betrieb hauptberuflich die Imkerei und hatte bis zu 140 Bienenvölker, was zu dieser Zeit sehr beachtlich war. Auch hielt er Vorträge und Kurse zur Imkerei. Sohn Hans übernahm später das Lebenswerk seines Vaters und führte es bis zu dessen Tod im Jahr 1986 im Nebenerwerb weiter. Vom ehemaligen Wohngebäude und Bienenhaus steht heute nichts mehr. Die Enkelkinder haben sich auf dem Grundstück ein Haus gebaut.

(Dechbetten 36) An der Klosterbreite Zur schönen Aussicht: Erbaut wurde dieses Haus von Johann Sindl (1875–1961) und Ehefrau Rosina (1872–1969) und ging dann an Sohn Johann Sindl (1899–1986) und Ehefrau Elisabeth (1910–1954), geb. Moser, über.

Juni 1918: Erinnerung an den Bienenzucht-Lehrgang des Großbienenzüchters Johann Sindl (Bildmitte mit der Wabe in der Hand – ganz rechts seine Frau Rosina)

Feichtmayer, An der Brunnstube 13 (Dechbetten 18 ½)

links: 1938

rechts: 2023

Georg Feichtmayer kaufte ca. 1920 dieses Haus. Seine drei Kinder wuchsen hier auf. Sein Sohn Wolfram übernahm später das Anwesen und lebte hier mit seiner Frau und den zwei Kindern.

Wolframs Tochter Susanne Feichtmayer ist verheiratet mit Manfred Arnold und sie wohnen heute in dem Haus. Sie haben drei Kinder, von denen Tochter Lea und ihre Familie mit im Haus lebten. Seit ca. 1975 steht das Haus unter Denkmalschutz.
Sohn Clemens hat im Garten ein neues Haus gebaut.

links: Die bunt bemalten Fensterläden sind erst vor kurzem restauriert worden.

rechts: das neue Haus von Clemens Arnold und seiner Familie

Hofmaier Ludwig

Turner, Schauspieler, Lokalbetreiber und Antiquitätenhändler, geb. 1941 in Saal an der Donau. Besser bekannt als Handstand-Lucki. Zu diesem Namen kam er durch seinen Gang auf Händen im April 1967 zum Papst ins 1070 km entfernte Rom. Durch TV- und Zeitungsberichte wurde er bekannt im ganzen Land.

Hofmaier führte drei Lokale in Regensburg, u. a. die Kongo-Bar. Ab Anfang der 1970er Jahre betrieb er die Diskothek „Apollo" in Steinberg am See bei Schwandorf, in der u. a. Marianne Rosenberg und die Band Middle of the Road auftraten.

Er wohnte einige Zeit am Dechbettener Weinberg. Sein Spitzname am Gartentor erinnert noch an diese Zeit.

Gerne sah ihn das TV-Publikum in der Serie „Bares für Rares".

Gebhardt, Dechbetten 26 (Dechbetten 1)

der Hof vor dem Zweiten Weltkrieg

Privatier Michael Gebhart (1830–1908) und Anna Maria Gebhart (1834–1896) waren wohl die ersten Bewohner des stattlichen Anwesens. Es folgte Michael Gebhart, Ökonom und Bürgermeister von Dechbetten, (1859–1902) mit Frau Anna, dann deren Sohn Ruppert Gebhardt (1885–1961) mit Gattin Berta (1891–1963). Darauf folgte die nächste Generation mit Rupert (1912–1988) und Berta (1914–1998).

links: mit der Ziegelei im Hintergrund

rechts: nach der Bombardierung im Zweiten Weltkrieg

Alles liegt in Schutt und Asche.

Berta Gebhardt mit Töchtern Berta und Theresa

links: Aufbau eines neuen Wohnhauses
rechts: Heute lebt hier Enkel Michael mit Familie (Urenkelin Michaela und Ururenkel Michael).

*Rechts im Hintergrund (**Dechbetten** 2) befindet sich das Mietshaus der Heigls aus Moosham: Eine Gebhardt-Tochter bekam das Haus als Mitgift zur Hochzeit mit dem Gutbesitzer Heigl aus Moosham. Im Alter lebte sie dann hier.*

2022

*Dechbetten 17/19 (ehemals **Dechbetten** 2), linker Teil altes Gebäude, rechts Anbau*

Schulhaus (Dechbetten II)

Abriss des Dechbettener Schulhauses 1979 – Friedhofserweiterung

Mitte der 50er Jahre lebte im alten Schulhaus, nach Erinnerung eines Dechbetteners, der Rektor der Schule West, Ferdinand Kapfberger. Später wurde es genutzt als Wohnung für den Messner, dann kam ein Leerstand. In der Nähe der Kirche und des Schulhauses gab es sogar für kurze Zeit ein Nachtlokal mit dem Namen „Geisterbar", so eine Anwohnerin.

Friedhof 2023

Einige Jahre war das Gelände rechts vom Friedhofsweg (im Besitz der Kirche) an eine Gärtnerei verpachtet.

Die Hälfte der Fläche wurde zur Friedhofserweiterung mit Urnengräbern genutzt. Die zweite Hälfte wurde an Fam. Mascarello verkauft, für neue Parkplätze.

Links: Hinter der Mauer (linkes Bild) ist der Parkplatz (rechtes Bild) 2023

Im Gemeindehaus „Armenhaus“ (Dechbetten 13) kam Willi Heimerl 1940 zur Welt. Mit der Mutter und den fünf Geschwistern lebte er in zwei Zimmern. Das Gemeindehaus stand Ecke Ziegetsdorfer Straße – Schwalbenneststraße und wurde später abgerissen.

Neumeyer, Schwalbenneststraße 3 (Dechbetten 5)

Februar 2022

Der Landwirt Johann Neumeyer (1820–1897) aus Dechbetten war verheiratet mit Walburga (1826–1897). Ihr Sohn Johann (1849–1914) und seine Frau Maria (1857–1938) übernahmen später den Hof. Die nächste Generation waren Emmeram Neumeyer (1892–1978) und Emilie Neumeyer (1893–1979).

Heute leben auf dem Anwesen Johann Neumeyer und seine Frau Therese. Die beiden haben 1958 ihre Hochzeit im Emslander Keller gefeiert. Aus dieser Ehe stammen fünf Kinder. Sohn Johann bewirtschaftet nun den Hof und wohnt hier mit seiner Familie.

links: Kartoffelernte

rechts: Der Mist muss auf die Felder.

links:
Der Kirtabaum wurde im Hof der Famile Neumeyer bewacht. Auf dem Baum sitzt Neumeyer-Enkel Johannes

rechts:
Ein Ständchen wird für den Jagdpächter Johann Neumeyer gespielt.

Therese und Johann Neumeyer im Zimmer mit den Jagdtrophäen

Schwalbenneststraße 9 und 7 (Dechbetten 4 ¾ und 5 ½)

Gebaut hat das Haus (Dechbetten 4 ¾) Baumeister Röhrl, der kinderlos war und das Haus Barbara Lang vermachte. Beachtlich ist der Höhenunterschied des Hauses zur Straße.
Da die Tochter von Barbara schon mit 18 Jahren starb, erbte das Grundstück ihr Neffe Manfred Unglaub, der dann 1962 nach Dechbetten zog.

Im Haus wohnten auch noch einige Zeit die Familien Weinberger und Weigert. Im Jahr 2000 wurde am Haus angebaut und aufgestockt für Sohn Georg. Sohn Christian hat im Garten neu gebaut. Sohn Manfred wohnt in Ziegetsdorf. Die Großeltern von Manfred Unglaub waren Josef und Maria Graf aus Ziegetsdorf.

Dechbetten 5 ½ war das Haus von Johann (1909–1995) und Josefine Schwarz, geb. Spann, (1912–1996). Später kam es in Besitz von Maria Krampfl, geb. Schwarz, die heute noch hier wohnt.

Barbara Lang mit Mann und Tochter Gertraud

2023: v. r. Unglaub / Krampfl

Sägenfabrik Gottfried

Die Sägenfabrik Karl Gottfried kam urspünglich aus Regenstauf. Zwischendurch befand sich die Firma in Regensburg in der Von-der-Tann-Straße und zog 1927 nach Dechbetten. Als Karl Gottfried 1945 starb, nahm seine Frau Olga Anton Waffler mit in die Firma. 1972 wurde Anton Waffler alleiniger Geschäftsführer. 1974 kam sein Sohn Heinrich in den Betrieb, der 1975 in eine GmbH & Co. geändert wurde. 1989 wurde die Firma dann aufgelöst.

Sicht auf Dechbetten 1952 mit der Firma Gottfried (Bildmitte rechts)

ehemaliges Bürogebäude der Firma Gottfried 2022

Eng verbunden mit der Firma Gottfried war das jüdische Ehepaar Carl und Irma Freising. Sie kamen 1919 nach Regensburg und führten eine Eisen-, Metallwaren- und Baubeschläge-handlung. In den 1930er Jahren übernahm Carl Freising den Reparaturservice für Sägemaschinen der Firma Gottfried.

In der Reichspogromnacht vom 9. auf 10. November 1938 wurde Carl Freising von SA- und SS-Männern aus dem Haus getrieben, verhaftet und am nächsten Tag nach Dachau gebracht. Nach seiner Freilassung verkaufte er sein Geschäft an die Firma Gottfried. Er konnte mit dem Käufer vereinbaren, als Hilfsarbeiter im Werk in Dechbetten beschäftigt zu werden, um seine Ausreise in die USA vorzubereiten.

Am 2. April 1942 wurden Carl und Irma Freising mit ihren Kindern und anderen jüdischen Familien im Zug nach Piaski, in der Nähe von Lublin, gebracht. Danach ist das Schicksal der Familie unbekannt.

Schropp Georg, Defreggerweg 3 (Dechbetten 10)

Hof von Georg Schropp (Bildmitte), Hof von Xaver Schropp (rechts oben) und Hof der Familie Achter (seitlich rechts) – dazwischen die alte Straße, die durch Dechbetten führte.

Maria und Georg Schropp beim Ausbessern des Zauns Mitte der 60er Jahre

Josef Schropp (1856–1928) und seine Frau Ottilie, geb. Röhrl aus Großprüfening, (1859–1936) haben den Hof an ihren Sohn Georg Schropp (1892–1953) und dessen Frau Rosalie, geb. Weigert, (1897–1977) weitergegeben. Darauf folgte Sohn Georg (1925–1994) mit seiner Frau Maria, geb. Melzl, (1935–2017). Die beiden haben zwei Töchter: Marianne heiratete Peter Goß und baute ein neues Haus auf dem ehemaligen Weigert-Anwesen in Prüfening. Brigitte ist verheiratet mit Emmeram Neumeyer.

Schropp-Neumeyer 2022

Hinter dem Garten ist die Autobahn. Hier stand vermutlich der versunkene Turm (siehe Seite 10)

Schropp Xaver, Defreggerweg 10 (Dechbetten 8)

1971: alte Straße durch Dechbetten (Bildmitte), darunter Georg Schropp, oben Xaver Schropp, daneben rechts Max Achter und Sägen Gottfried

Elisabeth Schropp (1883–1941), ihr Bruder Xaver Schropp (1886–1939) und seine Frau Barbara (1906–1993) waren die Bewohner des Anwesens **Dechbetten 8**. Danach ging es an Sohn Xaver (1931–2007) über.

Diese Glocken ließ Xaver Schropp gießen und brachte sie neben der Uhr an einer Lagerhalle an. Das Schlagwerk funktioniert, und auch die Uhr zeigt zuverlässig die Zeit.

das alte Bauernhaus von Xaver und Barbara Schropp

„Der kleine Xaver soll während des Krieges einmal mit einer Waffe auf einen Tiefflieger geschossen haben. Der Pilot hat ihn gesehen und hat daraufhin vom Wohnhaus einen Teil des Daches weggeschossen.“ Es gäbe viele Geschichten vom Xaver zu erzählen, wie die Dechbettener sagen.

Hof Xaver Schropp, im Hintergrund die Domtürme, Kalkwerk, ESV Sportplatz und das Hochhaus beim alten Jahnstation

Arbeiten auf dem Hof

Hier die nächste Anekdote:
Er war einmal auf der Ruthof eingeladen als Anerkennung für eine Spende. Den dort ebenfalls anwesenden Bischof soll er gefragt haben, wer er denn sei.

Xaver Schropp kaufte von der Brauerei Emslander am Arnulfsplatz eine Dampfmaschine, die von den Gebrüdern Hitzler abgebaut und in Dechbetten bei seinem neuen Wohnhaus wiederaufgebaut wurde. Dort steht sie noch heute.

1937: Die gepflasterte Straße führte vorbei an den Höfen der beiden Schropps (Xaver und Georg – beide nicht verwandt) und der Familie Achter in Richtung Stadt.

Auch ein anderer Schropp machte von sich reden: Kurz vor der Eingemeindung hatte Bürgermeister Georg Schropp schon von den Plänen der Stadt gehört und ließ die gesamte Ortschaft pflastern. So kam das vorhandene Geld aus dem Gemeindesäckl noch den Dechbettener Bürgern zugute.

Xaver Schropp mit seinem Mähdrescher

Erinnerung von Fritz: „Ich stand einmal am Prüfeninger Bahnhof, als Xaver Schropp mit seinem Bulldog gefahren kam. Er fragte: ‚Bua, wo willst denn hin?' Er fuhr mich dann sogar bis in die Stadt. Dorthin sah man ihn mit seinem Lanz öfter fahren."

Max Achter, Defreggerweg 8 (Dechbetten 9)

Max Achter (1885–1974) und seine Frau Rosina (1894–1980) lebten in Dechbetten 9. Nächste Generation war Xaver Achter (1932–2006), seine Frau hieß Anna (1936–2013). Heute wohnt ein Enkel von Max Achter in dem Haus Defreggerweg 8.

2022

Die Bauernhöfe Schropp und Achter wurden wie auch die Firma Sägen Gottfried durch den Bau der Autobahn von Dechbetten getrennt.

Blick auf die Höfe der Familien Schropp Xaver, Schropp Georg und Achter Max

An der Ecke Kirchmeier / Dr.-Gessler-Straße stand dieses stattliche Haus – später dann McDonald's.

2022

Der Dachgiebel von McDonald's erinnert bei viel gutem Willen noch an alte Zeiten.

Englbrecht, Ziegetsdorfer Straße 78 (Dechbetten 23)

Die Häuser Ziegetsdorfer Straße 78, 80, 82 und 84 wurden um 1900 für die Arbeiter der Ziegelei Meyer und Reinhard erbaut.
Ca. 1920 kaufte Johann Englbrecht (1896–1979) das Haus (Dechbetten 23), welches sich zu der Zeit im Besitz der Evangelischen Wohltätigkeitsstiftung befand. Er lebte hier mit seiner Frau Therese, geb. Tischler, (1894–1943), und seinen fünf Kindern.

Die älteste Tochter Therese (Resi) bekam das Nachbargrundstück, worauf sie sich ein eigenes Haus baute. Tochter Hilde heiratete Anton Gerl aus Großprüfening, mit dem sie dort ein Lebensmittelgeschäft betrieb. Die dritte Tochter ist weggezogen. Sohn Johann, verheiratet mit Anna Hinterwimmer aus Großprüfening, zog später nach Ziegetsdorf. Sohn Ulrich blieb mit seiner Familie im Haus wohnen.

links: Johann mit den fünf Kindern

rechts: Ziegetsdorfer Straße 78 2022

Nach dem Tod seiner Frau heiratete er Therese, geb. Schmidkonz, (1914–1999) aus Hainsacker, die zwei Söhne mit in die Ehe brachte. Sie bekamen noch Tochter Renate, die ihre Geschwister auszahlte und das Haus übernahm. Durch eines von Renates Kindern bleibt das Haus weiter in Familienbesitz.

Das Gartengrundstück, das Tochter Resi erhielt und auf dem sie später ein Haus baute.

Das Haus von Resi wurde weitervererbt an Tochter Christa, geb. Beck, die heute noch hier wohnt und mit Ludwig Eglmeier aus Großprüfening verheiratet war.

2022

Christa mit der Schultüte (Ziegetsdorfer Straße ca. 1952)

Raithel, Ziegetsdorfer Straße 82 (Dechbetten 21)

In **Dechbetten 21** wohnten Adam Raithel (1878–1966) und seine Frau Anna, geb. Rötzer, (1885– 1968) mit ihren drei Kindern. Sie konnten dann das Haus von der Ziegelei kaufen. Bis 2014 wohnte hier Enkelin Irene Hoch, geb. Raithel, (1933–2014). Danach übernahm ihr Sohn Arno mit Familie das Haus.

linke Spalte: Hochzeitsgäste

Adam und Anna Raithel

Schlittenfahren im Garten

rechte Spalte: Hochzeit von Dr. Willy Raithel

Ziegetsdorfer Straße 82 2022

Weiß, Ziegetsdorfer Straße 84 (Dechbetten 20)

Ziegetsdorfer Straße 84 (Dechbetten 20)

Ziegetsdorfer Straße 84 2022

Der selbstständige Malermeister Erwin Weiß kaufte das Haus damals von der Ziegelei, lebte darin mit seiner Frau Else, den Kindern Edeltraud und Lothar. Es ist heute in Besitz von Edeltrauds Tochter.

Ziegetsdorfer Straße

Manche Häuser bestehen noch weitgehend wie damals:

Ziegetsdorfer Straße, ca. 1940, v.r.n.l.:

Weikersdorfer/Scharf	(**Dechbetten 65**)	Ziegetsdorfer Straße 60
Dirscherl	(**Dechbetten 64**)	Ziegetsdorfer Straße 62
Lintl / Beer	(**Dechbetten 63**)	Ziegetsdorfer Straße 64
Listl	(**Dechbetten 62**)	Ziegetsdorfer Straße 66
Eigelsberger/Weinfurtner	(**Dechbetten 73**)	Ziegetsdorfer Straße 68
Buder / Rothammer	(**Dechbetten 56**)	Ziegetsdorfer Straße 70
Rothammer	(**Dechbetten 52**)	Ziegetsdorfer Straße 72
Vilsmeier	abgerissen	Neubau Ziegetsdorfer Straße 74
Schicker/Grüner	(**Dechbetten 48**)	Ziegetsdorfer Straße 76

Ziegetsdorfer Straße 68-74

Weikersdorfer, Ziegetsdorfer Straße 60 (Dechbetten 65)

Ziegetsdorfer Straße 60 und 60a

links: Garten der Weikersdorfers

rechts: Martha Weikersdorfer vorm Haus beim Radlfahrn (Sicht vom Haus Nr. 60 auf Haus Nr. 58)

links: Familientreffen vorm Haus

rechts: Katharina Weikersdorfer mit Baby Martha; Nichte Martha gießt die Blümchen.

Das Haus (**Dechbetten 65**) wurde 1935 von Josef und Katharina Weikersdorfer erbaut. Später übernahm es Martha Scharf, geb. Weikersdorfer, mit ihrer Familie. 1987 dann bauten ihr Sohn Michael Scharf und seine Frau Evi das Haus 60a.

Ziegetsdorfer Straße 58

links: Josef Weikersdorfer mit Tochter Martha und Neffe Peter Dirscherl

rechts: Martha mit ihrer Taufpatin Maria Daschner

Sicht auf Haus Nr. 62 und 64: Dirscherl, Ziegetsdorfer Straße 62

Auf dem Weg von Dechbetten nach Ziegetsdorf

Die letzten Häuser der Straße, die nach Ziegetsdorf führte, waren aus Holz. Dieses Holzhaus baute sich ein Schreiner. Heute gehört es der Familie Böhm.

Das andere Holzhaus (oder mit Holz verkleidet) stand auf dem Gelände des späteren Standorts der Firma Pleines. Gewohnt hat darin die Familie Glogger.

Auf dem ehemaligen Gelände der Firma Pleines, später Bürogroßhandel Fleischhauer & Rudroff, baute die Firma RKT (Regensburger Krankentransporte) Büros, Wohnungen und Stellplätze für ihre Krankenwagen.

2022

Vereinsheim des Veloclubs Regensburg 2022

Der Veloclub Ratisbona e.V., gegr. 1984, zählt mit ca. 600 Mitgliedern zu den größten Radsportvereinen Bayerns.
In der Ziegetsdorfer Straße 46a fand er Platz für sein Vereinsheim.

Stadtgartenamt – Baumschule 2022

Rund um Dechbetten

Auf den von der Stadt ausgewiesenen Gewerbeflächen rund um Dechbetten siedelten sich diverse Firmen an. Manche sind bereits wieder verschwunden.

2022

Wo die ehem. Möbelfirma Karnem war, stehen heute eine Lidl-Filiale (links) und ein Bürogebäude (rechts) mit Frisör, Weinhändler und italienischem Restaurant.

Die Firma Stadler wurde 1936 gegründet und hatte ihren Sitz in der Grasgasse in der Regensburger Innenstadt. Nachdem der Betrieb expandierte, zog man 1981 nach Dechbetten in das neue moderne Gebäude mit Verkaufs- und Reparaturabteilung sowie einer Teststrecke für Fahrräder.

***Zweiradcenter Stadler:** Derzeit wird daneben ein noch viel größeres, hochmoderneres, neues Verkaufsgebäude, ein sogenannter „Bike-Flagshipstore“, und die Zentrale der Stadler-Gruppe gebaut.*

Königswiesen

Geschichte, Entstehung und Leben im Ort

In einer Talmulde zwischen dem Königsberg und dem Ziegetsberg lag bis zu Beginn der 1970er Jahre der alte Gutshof und ehemalige Herrensitz Königswiesen. Beide Namen „Königswiesen und Königsberg“ bezeugen königlichen Besitz und weisen ins frühe Mittelalter. Nach der bairischen Landnahme fielen die Königswiesener Fluren an die Bayernherzöge. Durch Ludwig dem Kelheimer gelangte Königswiesen um 1220 an das Kloster Prüfening, das dort einen Hofmeister bestellte.

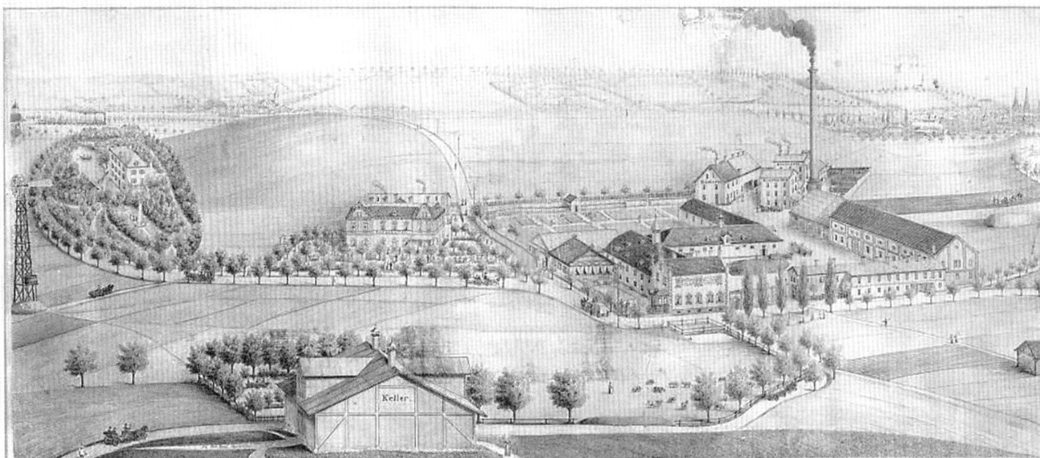

J. B. Ulrichs Oekonomiegut Königswiesen bei Regensburg.

Die Hafner und Töpfer von Regensburg hatten von alters her das Recht, auf den Königswiesener Gründen nach Tegel und Lehm zu graben. Das Kloster gestattete diese Entnahme gegen eine geringe Gebühr. An die Tongründe erinnert der Straßenname „Hafnersteig“. Dieser Weg führte zu den Lehmgruben bei Königswiesen.
1663 erwarb die Stadt Regensburg Gutshof und Grundbesitz von Königswiesen, das jedoch dem Kloster Prüfening grund- und vogtbar blieb. Die Kaufverhandlungen erwiesen sich als schwierig, da mit dem Erwerb eine Erweiterung des Burgfriedens verbunden war, zu der der bairische Kurfürst seine Einwilligung erteilen musste. Auf der Anhöhe südlich des Gutshofes stand noch vor wenigen Jahren eine gut erhaltene Burgfriedenssäule.

Als Regensburg 1810 bayerische Stadt wurde, fiel der Landbesitz dem Königreich Bayern zu. So wurde Königswiesen Eigentum des bayerischen Staates, der den Besitz jedoch nach wenigen Jahren an die Eheleute Schiekofer verkaufte, von denen es 1829 an den Halloberbeamten Edmund von Boutteville gelangte. Gutshof und Gründe blieben bis zur Jahrhundertwende im Besitz dieser französischen Emigrantenfamilie. Dessen Enkel Ulrich von Boutteville übernahm um 1890 das Gut und machte es zu einem landwirtschaftlichen Musterbetrieb. Ihm verdanken wir auch die Anlage des schönen Parks, der sich von Königswiesen nach Dechbetten zieht und in dem es viele verschiedene Baumarten gibt, die oft über 100 Jahre alt sind.

Gärtnermeister Herbert Boin (1910–1992) war Chef der Baumschule im Norden des Königswiesenparks und hatte zusammen mit weiteren Gärtnereiarbeitern hier eine Dienstwohnung. Die Boins waren Selbstversorger. Sie hielten sich Hasen und hatten in der Baumschule einen Gemüse- und Obstgarten. Heute befindet sich dort eine Kleingartenanlage.

alte Ansicht des Gärtnerhauses vom Gut Königswiesen ca. 1895

Erinnerungen von Uli Boin, der hier seine Kindheit und Jugend verbrachte.

„Am 3. Juni 1963 kam die alte Schroppin über die Felder gelaufen (wo jetzt die A3 verläuft) und brachte Neuigkeiten aus dem Krankenhaus. ‚A Deandl habt's'.
Einmal wollte ein Bruder an Silvester eine Rakete durch den Kamin steigen lassen. Durch die Detonation hat's das Ofenrohr aus der Wand gerissen
Der Rudolphin haben sie einen Wecker den Kamin runtergelassen und auf Mitternacht gestellt."

Das Gärtnerhaus im Königswiesenpark.
Als Anna Boin 2015 ins Heim ging, verfiel das städtische Anwesen und wurde im November 2019 trotz Protest des Arbeitskreises Kultur Regensburg (AKR) von der Stadt Regensburg abgerissen.
Erinnern wollte der AKR auch an den vielleicht berühmtesten Gast des Gutes: Max Reger, der oft hier weilte und ein Patenkind des ehemaligen Gutsbesitzers Johann Baptist Ulrich war.

2018

Freiherr François van Zuylen-Nyevelt verkaufte 1899 das ehemalige Kloster Prüfening an die Fürsten von Thurn und Taxis und erwarb im gleichen Jahr den Gutsbesitz Königswiesen. Mit ihm kehrte letztmals feudaler Lebensstil in Königswiesen ein. Er veranstaltete große Gesellschaften mit dem Regensburger Adel, hohen Beamten und Offizieren. Da seine Tochter 1909 nur drei Jahre nach dem Tod des Vaters verstarb, ging der Besitz auf die Enkeltochter Esther über, die den bürgerlichen Diplomlandwirt Georg Lanz heiratete.

links: Gruftkapelle der Familien Boutteville und van Zuylen-Nyevelt, dahinter ein vierseitiger Inschriftstein (um 1860/70) als Denkmal für den Reichsgrafen Jenison-Walworth

rechts: Familiengruft derer van Zuylen-Nyevelt auf dem Friedhof in Dechbetten

1938 erwarb die Stadt Regensburg Königswiesen zum zweiten Mal. Nachdem 1964 das Gut die letzte Ernte eingebracht hatte, standen die roten Backsteinbauten noch mehrere Jahre und verfielen und verwahrlosten immer mehr. In den Jahren 1971–1975 erwuchs auf dem sogenannten Königsberg eine Trabantenstadt mit Hochhäusern, einem Einkaufszentrum, einer Kirche sowie zwei Schulen und Sportanlagen.

Luftbilder Königswiesen

Blick auf den Dreibäumerl-Berg mit den Schrebergärten

1971: Mitte links im Bild Autobahnausfahrt Königswiesen mit ehemaligem Donauhotel, rechts der Ausfahrt noch Wiesen – noch kein KÖWE-Center

Noch steht das Gut Königswiesen – unten Mitte.

1977

Ursprünglich vorgesehen war in der Dr.-Gessler-Straße eine Wohnbebauung. Auf Grund der Nähe zur Autobahn wurde die Straße dann doch als Gewerbegebiet ausgewiesen. Zahlreiche Bürogebäude, Einzelhandelsfirmen und das KÖWE-Einkaufszentrum entstanden.

Ein neues Viertel entsteht

Durch die Entstehung des modernen Viertels mit zahlreichen Hochhäusern und vielen neuen Bewohnern auf dem ehemaligen Gelände des Gutes Königswiesen wurde es notwendig, eine eigene Kirche zu errichten. Im Oktober 1975 erfolgte die Grundsteinlegung von St. Paul; ein Jahr später, im November 1976, dann die Einweihung durch Rudolf Graber. Als Festprediger war der damalige Uni-Professor Josef Ratzinger (später Papst Benedikt) eingeladen. 1980 wurde die Pfarrkuratie dann zur Pfarrei erhoben.

St. Paul 2021

links: ca. 2018: Nicht allen Bürgern gefiel die Gesamtansicht des neuen Stadtteils. Doch unbestritten bietet sie eine imposante Skyline.

rechts: nach der Fertigstellung 2023

Das in die Jahre gekommene Einkaufs- und Wohnzentrum wurde jüngst abgerissen, und es wurde ein neues, modernes Wohn- und Geschäftshaus unter dem Namen „KönigsTOR" erbaut.
Einwände der Anwohner wegen Größe und Höhe der Gebäude waren Anlass zu mehrmaligen Änderungen der Pläne.

Von den neuen Wohnungen aus kann man sich bequem mit dem Aufzug zu den Läden REWE, NETTO und zum Bäcker bringen lassen, oder seine Bankgeschäfte bei der Sparkasse erledigen.

2023

Ziegetsdorf

Eingemeindung 1938

Eisenbahner und Bauern waren die Bürger im Ziegetsdorf der 20er und 30er Jahre.
Die Gemeinde mit gerade mal 80 Hausnummern wurde seelsorgerisch von der Pfarrei Prüfening betreut, und die Schüler mussten zum Beichtunterricht und zur Messe ins Anna-Kircherl nach Prüfening gehen.
Nach der Gründung eines Kirchenbaurates wurde 1932 auf dem Berg die Kirche St.Josef gebaut und von Erzbischof Buchberger eingeweiht. Der Aussichtsturm, der ursprünglich an diesem Platz stand, fand als Kirchenturm Verwendung. Dicht neben der Kirche hatte der kinderreiche Bauer Pichlmeier sein Anwesen. Schon damals gab es außer dem Sport- und Kriegerverein einen Radverein, dessen Mitglieder die nähere und weitere Umgebung auf dem Drahtesel erkundeten.
F. X. Spitzer, ein Ziegetsdorfer Chronist, berichtete: „Wir hatten keine Teerstraße, kein Telefon keine Kanalisation. An der Bergstraße entlang verlief ein tiefer beidseitiger Graben.“ Der vor und zur Eingemeindungszeit amtierende Bürgermeister war Josef Herrmann, Gastwirt. Er betrieb neben dem Karmannhof eines der beiden Ziegetsdorfer Wirtshäuser. Das bei der Eingemeindung vorhandene Gemeindevermögen ging an die Stadt Regensburg über.

Im Jahre 1938 präsentierte sich Ziegetsdorf noch ganz verträumt. Die Geschäfte führte bis zur Übergabe der Bürgermeister und seine Gemeinderäte. Von r. n. l. Oberlehrer Ludwig Thum, Bürgermeister Josef Herrmann, Johann Spangler, Heinrich Hufnagl. Stehend: Johann Brantl, Josef Eisvogel, Karl Hartl und Anton Busl.

MZ-Artikel von 1988

Einwohnerbuch
1939/40

Ziegetsdorf

Ziegetsdorf

(Nach dem eingemeindeten Dorf Ziegetsdorf.)

1*Bischöfl. Administration
Kirche

2*Witzmann Peter
Schmid Hch. Schäffler 0
Witzmann Peter Bahnschmied 1
— Peter Rb.geh. 1
— Max Rb.geh. 1

3*Herrmann Jos. Gastw. 1
Körner Ant. Wirtschaftspächt. 0
Neuert Joh. Telegr.ltgsaufseh. 1
Sauer Ant. Rb.geh. 1
Pangerl Erw. Sattler 2
Schaider Joh. Fbkarb. 2
— Joh. Arb. 2

4*Schmidbauer Mar.
Arnold Wilh. Hilfsarb.
Neubauer Joh. Rb.geh.
Flareder Otto Rb.geh.
Christl Alois Rb.geh.
Six Joh. Bapt. Versich.gesch.
Piendl Rosa Obst u. Gemüse

4½*Graf Barb.
Graf Joh. Elektromont.

4⅓*Birzl Peter
Rieger Joh. Hilfsarb.
Gandl Gg. Schauspieler
Endres Ther. Schauspielerin
Melzl Gg. Hilfsarb.
Zeitler Joh. Altwar.samml.

4¼*wie bei 4⅓*
Kellner Jos. Metzgermstr. 0
Hartl Kresz. Hilfsarb.ehefr. 1
Fischl Mar. Tagl.we. 1
Hinreiner Ed. Bauhilfsarb. 1

5*Knittl Mich. Rb.geh.
Heigl Ther. Schrein.mstrswe.

6*Zirngibl Ant. Landw.
Reitmeier Jos. Rb.geh
Grlesbeck Gottfr. Hilfsarb.

7*Jobst Jos. Landw. 0
Jobst Jos. Ausn.landw. 1
— Mar. Schneid. 1
Altschäffel Xav. Rb.arb. 1
Schröder Ldw. Rb.hilfsheizer 1
Groß Gg. Pferdeknecht 2

8*Reißbeck Seb. Landw.
Reißbeck Mar. Landw.we.

9*Salbeck Mar.
Salbeck Xav. Schloss.

9½*Gemeindehaus
Gartner Gg. Rentn.
Hölzl Jos. Zimmerm.
Weinbeck Jos. Rentn.
Geisler Joh. Tagl.

10*Karmann Andr.
Prechtner Xav. Wachmann

10½*Brantl Joh. Nep. Maur.
Brantl Joh. Rb.betr.wart 0
Stadler Ldw. Rb.geh. 0

10⅓*wie bei 10½*
Poststelle Ziegetsdorf
Brantl Marg. Stat.geh.we.
Huber Matth. Elektromont.

10¼*Busl Joh.
Busl Joh. Zimmerpol.
— Ant. Maurer
Karl Max Spengl.

11*Sälzl Max Rb.insp. i. R., Ingen. 0
Schmitt Karl Spengl. 1

11½*Kratochwil Wenzel Kfm.
Daschner Andr. Rentn.

11¼*Kappl Gg. Weichenwärter
Treitinger Jos. Masch.hsgeh. 0
Kappl Kath. Werkst.geh.we.

12*Weikl Jos. Landw.
Aumeier Ldw. Landw.

12½*Greß Wolfg. Rb.geh.
Lindinger Isid. Rb.geh.
Karl Ldw. Arb.
Meier Fritz Schloss.

13*Janker Barb. Stat.geh.we.
Nöll Marg. Unt.offiz.ehefr.

14*Ottl Joh. Landw.
Stuber Ferd. ldw. Knecht
Kerscher Sophie Magd
Doblinger Mar. ldw. Magd

15*Hartl Karl Landw.
Weidhas Jos. Pol.wachtm.

16*Körner Sim. Landw.
Hölzl Gg. Rb.geh.
Renner Adalb. Maurer

17*Spangler Joh. Maurermstr.
Spangler Anna Hausgeh.

18*Eisvogel Jos. Landw.
Allkofer Mar. Landw.we.

19*Dorfmeister Jak. Landw.
Dorfmeister Frz. Schloss.

20*Staatl. Forsthaus
Greger Jak. Rev.forstwart
— Wilh. Dek.maler
— Mar. Verkäuf.
Ertl Karl Rb.arb.

21*Feuerhaus

21½*Bachmeier Joh. Landw.
Erich Frz. Ob.weich.wärt. a. D.

22*Lang Ferd. Schuhm.
Lang Mar. Ob.weich.wärt.we.
Wittl Ant. Melker

23*Riedhammer Mich. Ob.weich.-wärt.
Riedhammer Konr. Spengl.
— Ottilie Dienstm.

24*Seidl Seb. Rang.mstr.

25*Spandl Greg. Lok.heiz. i. R. 0
Beer Jos. Rentn. 0
Kerner Walb. Rentn. 0
Körner Otto Hilfsarb. 1

26*Summerer Andr. Brau.eiarb. 0
Schlauderer Gg. Hilfsarb. 0
Zimmerer Max Hilfsarb. 0
Dehm Fritz Dreher 0
Gartner Jos. Lok.heizer 1
Voxbrunner Alb. Zimmerm. 1
Islinger Xav. Eisendreher 1

27*Anthofer Mar. Weich.wärt.we.
Stümpfl Ther. Köchin

28*Schneider Gg. Hilfsarb.
Aschauer Joh. Schuhm.
Niebler Rup. Rentn.
Bendl Anna Metallarb.

29*Karl Joh. Fbkarb. 0
Karl Xav. Rb.geh. 0
Schedel Herm. Sprengmstr. 1

30*Voxbrunner Joh. Stadtarb. 0
Islinger Wolfg. Straß.reiniger 0
Voxbrunner Xav. Schreiner 0
— Otto Hafner 1
Brantl Anna Tagl.ehefr. 1

31*Prommersberger Joh. Bäck.-mstr. 0
Fröhlich Joh. Bäcker 0
Vogel Alb. Schmied u. Masch. 1
Stadlbauer Joh. Hilfsarb. 2

32*Hartl Andr. Schrein.mstr.

33*Hölzl Maria
Hölzl Alb. Bäckereiinh. 0
Thum Jos. Angest. 1

34*Spitzer Gg. Zugführ. 1
Spitzer Frz. X. Rb.geh. 0

35*Pocker Christoph
Högner Joh. Kfm. 0

35Jehl Gg. Rentn. 0
Pfeiffer Aug. Schuhm.ei 0
Grötsch Gg. Rb.geh. 1

36*Schulhaus
Roßbacher Andr. Hptlehr.

37*Stimmer Ant. Rb.lademstr. 1
Stimmer Ant. Bäckermstr. 2

38*Berger Josepha Bahnschaffn.-we. 1
Stang Al. Straßenb.führ. 0
Oswald Frz. Postfacharb. 0
Schmitt Ther. Posthalt.we. 1

39*Maier Konr. Rentn.
Maier Joh. Stat.geh. 1
Brem Xav. Gesch.inh. 1

40*Döbler Maria
Mandl Jos. Hilfsarb. 0
— Jos. Rentn. 0
Zweck Mart. Hilfsarb. 1
— Mart. Schloss. 1

41*Hofmann Kresz. Restaur.we.
Huther Mar. Offizt.we.
Dippold Ant. Beamt. d. Industrie- u. Handelskammer 1

42*Zacherl Mich. Lok.heiz.
Wallner Gg. Rb.geh.

43*Hufnagl Hch.
Hufnagl Hch. Schäffler 0
Friedrich Jos. Schloss. 0
Haderer Emil Schloss. 0
Hummrick Karl Maschinist 0
Hausteiner Fritz Rb.geh. 1

44*Schöppel Joh. Abt.pfleg.

45*Rauscher Frz. X. Bez.ob.pfleg.
Rauscher Ant. Tapez.

46*Nachtrab Joh. Ladenmstr. 0
Brinzing Max Molkereimstr. 0
Crallopp Emma Unt.offiz.ehefr. 1

47*Vielhuber Mart. Rb.schloss. 0
Raps Frz. Rb.geh. 1

48*Karmann Andr. Gast- u. Landwirt 0
Biederer Xav. Hilfsarb. 0
Schuderer Xav. Hilfsarb. 1

49*Friederich Frdr. Verm.ob.insp.

50*Meyer Ther. Ausn.bäuerin 0
Schuster Max Käser 1

51*Dotzer Jos. Masch.hsgeh. 0
Dotzer Jos. Rb.arb. 1

52*Lambeck Jos. Kesselschmied 1
Ostermeier Joh. Rb.kraftwgf. 0
Pix Christoph Kraftwgf. 1

53*Schwarz Joh. Hilfsarb. 0
Kellenhauser Seb. Zimmerpol. 1

54*Reil Jak. Arb.
Dachauer Jos. Schreiner 0
Hartl Karl Marmorarb. 1

55*Stockmeier Jos. Rang.mstr. 0
Sandl Siegm. Posthelf. 1

56*Aufhauser Jos.
Hofmann Joh. Rb.assist. 0
Thum Ldw. Ob.lehr. a. D. 1

57*Geis Ant. Justizinsp.

58*Witzmann Max
Reill Al. Tankwart 0
Heller Joh. Rangierarb.

59*Pfarrhof
Vollath Germ. Kooperat.

60*Wagner Fritz Mil.pens. 0
Faderl Jos. Hilfsarb. 1

61*Mayer Leonh. Ob.pfleg. 0
Poschenrieder Theod. Kraftwgf. 1
— Frzka. Werkmstrswe. 1

62*Krön Josepha
Jürgens Karl Unt.offiz. 0
Rief Max Dr. Kfm. 1

63*Laußer Anna
Laußer Joh. Tankwart 0
Retsch Herm. Ob.schirrmstr. 1

159

Ziegetsdorf

64*Röhrl Hs. El.mstr.
Hofmann Fritz Bez.direkt.

65*Transformatorenhaus
Weinberger Joh. Schloss.

66*Eich Frz. Lok.heiz.
Rebl Jos. Rentn.
Grallath Rud. Kfm.
Griesbeck Karl Bauarb.

67*Zweck Joh. Fbkarb.

68*Witzmann Frz. X. Maurer
Witzmann Frieda Fbkarb.
Steindl Anna Bahnarb.we.
Scheffold Frz. Baggermstr.

69*Zacherl Mich.
Englmaier Frz. Stellwerkmech.
Eckl Ldw. Hilfsarb.
Schober Hch. Buchdruck.bes.

70*Bleier Jos. Fbkarb.
Lobenhofer Joh. Rb.zugschaffn.
Jung Rud. Arb.
Schmidt Joh. Bäcker

71*Hart Jos. Gart.geh.
Hart Wilh. Bauführ.

72*Eckmann Jos. Stud.prof.

73*Ettinger Mart. el.techn. Büro
Ettinger Mart. Ob.ladeschaffn.
Herold Joh. Kfm.
Vogel Joach. Rb.geh.

74*Spitzer Gg.
Brebeck Seb. Schreiner
Jobst Rup. Rb.geh.

75*Lang Joh. Hausdien.
Vogt Karl kfm. Angest.

76*Rieger Frz. Kraftwgf.
Felser Alfs. Vers.angest.
Koppenburg Walt. Tiefbautechn
Weinzierl Jak. Kraftwgf.

77*Kraus Xav. Gend.mstr.
Krauß Joh. Mechan.

79*
Koller Anna Privat.ehefr.
— Betty Hausangest.
— Seb. Landw.

80*Satzinger Leonh. Rb.schaffn.

Luftbilder Ziegetsdorf

Ziegetsdorf – Augsburger Straße 1938

Ziegetsdorf – Augsburger Straße 1973

Geschichte, Entstehung und Leben im Ort

Ziegetsdorf

In den ersten Jahren nach 1800 machten sich Siedler auf, um sich auf dem damals noch dicht bewaldeten Ziegetsberg sesshaft zu machen. Am 5. Februar 1805 wurde den damals als Kolonisten bezeichneten neuen Siedlern die Genehmigung erteilt, das Gelände westlich der Augsburger Straße (heute Hadamarstraße) zu bebauen und urbar zu machen. 1836 zählte die kleine Gemeinde bereits 20 Hausnummern und gehörte zur Pfarrei Prüfening.

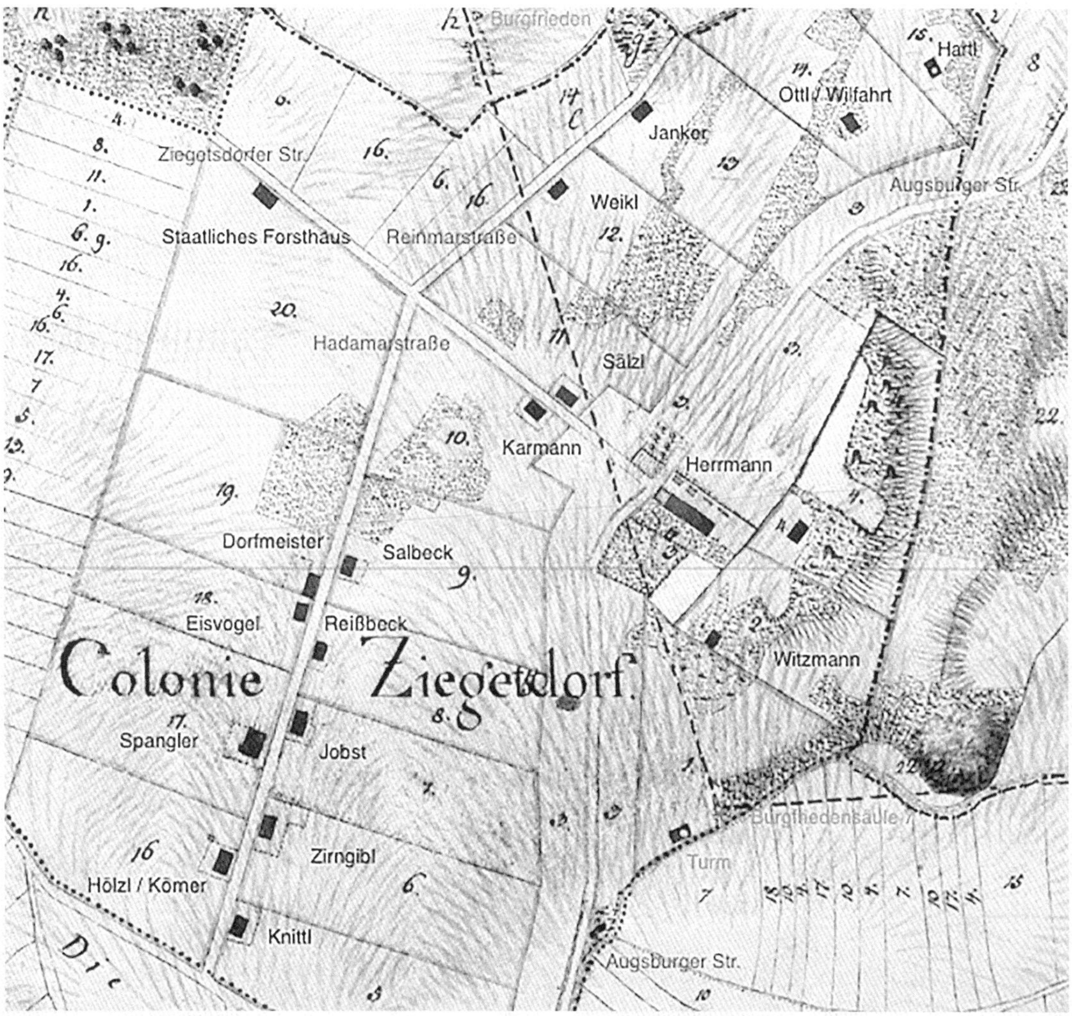

Der dichte Wald dieses Bergrückens bis hinüber nach Prüfening bestand früher hauptsächlich aus Föhren bzw. Kiefern. Da diese damals auch „Ziget" genannt wurden, entstand so der Name des Berges „Ziegetsberg". Nach ihm wurde später auch der Ort benannt. Als altertümliches Kulturdenkmal des Ortes kann man die bei Grabungen in den Jahren 1934/1935 gefundenen Überreste eines römischen Merkur-Heiligtums bezeichnen.

Die 20 Kolonisten der ersten Stunde

Den 20 Siedlern standen damals über 119 Tagwerk unkultiviertes Land zur Verfügung. Die Höfe wurden durchnummeriert und sie erhielten als Hausnamen zusätzlich die Bezeichnung „Gütl" zum jeweiligen Familiennamen. Wenn man alleine diese 20 Hausnummern betrachtet, erkennt man welche Bewegung am Immobilienmarkt auch damals schon war.

1 Das Pfaffelbergergütl von Georg Pfaffelberger aus Prüfening wird erst an Georg Kneidl, dann an Johann Harfeld, beide aus Sinzing, verkauft. 1833 geht es an Johann Leichtl.
1880 kauft den Bauernhof der Hochwürdige Herr Dr. Ludwigs aus Regen. Dieser vererbt den Grund der Kirche.

2 Georg Pirzer aus Prüfening stirbt 1808, Johann Lamprecht, ein Regensburger Metzger, kauft das Gütl; die Tochter heiratet 1823 den Rosenhofer Bauernsohn Josef Gangel und übernimmt.

3 Tavernenwirt Michael Blaimer aus Pentling heiratet Therese Allkofer aus Unterisling. Als Erbin heiratet die Wirtstochter Maria Anna 1833 den Bäckerssohn Michael Hofmair aus Donaustauf.

4 Michael Fuchs

5 Kilian Karl übergibt 1822 an Sohn F. X. – 1835 Verkauf an Xaver Rohrmeier.

6 Mathias Hagn aus Prüll stirbt 1810. Walburga Hagn erbt und heiratet Lorenz Röhrl aus Graß.

7 Mathias Reitmair aus Prüfening übergibt 1833 an Tochter Walburga, die Joh. Bockes heiratet.

8 Das Metzgergütl von Anton Schrödl geht an Joh. Mairhofer, dann an Georg Treitinger aus Graß.

9 Adam Winter aus Steinweg heiratet Anna Maria Hartl und in zweiter Ehe 1825 die Maria Feichtner.

10 Michael Helmhacker übergibt an Sohn Mathias. Es folgt Johann Spitzer mit kinderloser Ehe. Jakob Spitzer aus Gebenbach übernimmt und heiratet 1825 Anna Maria Eppich aus Weichs.

11 Johann Billinger heiratet 1825 als Witwer die Schmidbauer-Tochter. Ihm folgt Josef Weber.

12 Josef Bast, der einzige Hopfenbauer am Berg, übergibt 1836 an den 30-jährigen Sohn Josef.

13 Wolfgang Schmidbauer stammt aus Kelheim, eine Tochter heiratet Joh. Billinger von Gütl 11.

14 Handfestgütl von Willibald Handfest

15 Simon Wagner übergibt an seinen Sohn Simon

16 Das Hechten-Gütl von Thomas Hecht wird 1831 für 1800 Gulden an Lorenz Lichtinger verkauft.

17 Ignaz Hiermeier

18 Georg Schlierf übergibt 1836 drei Tagwerk an seinen Sohn Georg.

19 Emanuel Pabbler, ab 1820 an Johann Harfeld aus Sinzing, der Therese Straubinger heiratet.

20 Valentin Schutzbier verkauft im Jahr 1836 an den königlich-bayerischen Regierungsrat Herrn Alois Clemens Felix Freiherr von Oefele. Dieser entwickelt dann das Schutzbiergütl zu einem stattlichen Gutsbetrieb. Kurze Zeit später avanciert dieser Gutshof zum königlichen Forsthaus.

Kirche St. Josef

Auf dem Platz der Pfarrkirche stand in früheren Zeiten ein altes Bauernhaus. Dies kaufte ein Dr. Ludwigs, der neben dem Haus einen Turm errichtete. Dieser Turm wurde zum jetzigen Kirchturm, von dem aus man eine prächtige Aussicht über die Stadt Regensburg hatte. Durch ein kleines Missverständnis hinterließ er nach seinem Tod das ganze Besitztum dem Karmelitenkloster St. Theresia.

Aussichtsturm

Seelsorgerisch gehörte das Dorf zu Prüfening. Zur Kirche sollten die Ziegetsdorfer entweder nach Dechbetten oder in die Schlosskirche St. Georg gehen.

Nach dem Ersten Weltkrieg tauchte der Wunsch auf, selbst eine Kirche zu bauen. Zwischen 1921 und1931 wurde zweimal ein Kirchenbauverein gegründet. Dank des Bischofs Dr. Joseph Schrembs aus Cleveland (USA), der als 10-Jähriger nach Amerika zur Priesterausbildung kam und der 10 000 Dollar für eine Josefskirche in Regensburg oder Umgebung spendete, konnte am 18. Oktober 1931 die Grundsteinlegung durch Erzbischof Dr. Michael Buchberger erfolgen. Durch Gemeinderatsbeschluss vom 3. Juli 1932 wurde Dr. Joseph Schrembs dann zum Ehrenbürger von Ziegetsdorf ernannt. 1932 wurde St. Josef durch Bischof Schrembs eingeweiht.

St. Josef

Die Kirchengemeinde besitzt seit 1940 einen eigenen Friedhof, als letzte Ruhestätte für die verstorbenen Bürger aus Ziegetsdorf, Pentling, Graß und Neuprüll.
Hier ist auch das Familiengrab der Ratzingers.

links: Luftansicht Kirche mit Friedhof

rechts: Friedhof

Alois Zirngibl 1952

Der Friedhof wurde 1941 eröffnet, aber nicht eingeweiht, da Bischof Buchberger befürchtete, dass unter der Herrschaft des Dritten Reiches der Friedhof nicht konfessionsgebunden bleiben könnte. So musste jedes Grab bei der Beerdigung besonders eingesegnet werden.
1973 wurde der Friedhof ohne große Feierlichkeiten eingeweiht. Im Protokoll wurde vermerkt, es stünde dem nichts entgegen, dass auch weiterhin bei jeder Benutzung das Einzelgrab eigens gesegnet werde. Die Hinterbliebenen sahen diesen Satz als Gunst und achteten darauf, dass ihren Verstorbenen diese nicht entzogen wurde.
Eine große Freude war es für die Ziegetsdorfer, einen angehenden Pfarrer in ihrer Gemeinde zu haben. Alois Zirngibl wurde am 19. März 1952 zum Priester geweiht und feierte am 23. März 1952 mit der ganzen Pfarrgemeinde seine Primiz.

links:
die erweiterte Kirche St. Josef

rechts:
Innenraum St Josef

Im April 1956 erfolgte der Baubeginn des großen Erweiterungsbaus von St. Josef.
Nach kurzer Bauzeit erfolgte am 12. November 1956 die Einweihung durch Erzbischof Dr. Michael Buchberger. Zur gleichen Zeit wurde St. Josef auch zur selbstständigen Stadtpfarrei erhoben unter Stadtpfarrer Ludwig Knauer. Pfarrer Knauer wurde später Spitalmeister (um 1970).

1981 erfolgte die Errichtung eines neuen, größeren Pfarrhofes.

links:
1981

rechts:
2022

Forsthaus Ziegetsdorfer Straße (Ziegetsdorf 20)

Das ehemalige Schutzbiergütl verkaufte der Kolonist der ersten Stunde mit der Nr. 20, Valentin Schutzbier, im Jahr 1836 an den königlich-bayerischen Regierungsrat Alois Clemens Felix Freiherr von Oefele. Dieser errichtete ein stattliches Landhaus mit Gutsbetrieb, das später königliches Forsthaus wurde. Nach dem Ersten Weltkrieg nutzte man das Haus vorübergehend als Gendarmeriestation, dann bis Mitte der 70er Jahre als Unterkunft und Dienststelle zahlreicher Forstbediensteter. Um das Landgut herum konnte nur derjenige Grundbesitz erwerben, der im Forstbereich tätig war. Umgangssprachlich wurde das Areal „Gamsbartsiedlung“ genannt.

Hadamarstraße

Hadamarstraße 25 (Ziegetsdorf 6) – 1712 Mundiglhof – später Zirngibl

Zirngibl-Wohnhaus 2021

Jobst, Hadamarstr. 21 (Ziegetsdorf 7)

Hadamarstraße 21, Straßenseite 2022

In dem Haus (Ziegetsdorf 7) lebte Josef Jobst (1865–1945) mit seiner Frau Barbara (1877–1956), später dann Sohn Josef (1901–1972) mit Ehefrau Anna, geb. Sennebogen, (1906–1999). Diese hatten zwei Kinder: Tochter Erna (1932–1985) und Sohn Franz (1937–2016). Franz hatte mit Frau Maria (1942–1995) zwei Söhne, von denen keiner in Regensburg lebt. Das Haus verfällt leider.

Hadamarstraße 21, Eingang Rückseite 2022

Reißbeck, Hadamarstraße 17 (Ziegetsdorf 8)

Wohnhaus von Sebastian Reißbeck (1902–1981) und Amalie (1905–1998). Heute leben hier Hans Pernpeintner, seine Frau Brigitte, geb. Reißbeck, mit Familie.

links: die Reißbecks bei der Feldarbeit, v.l.n.r.: Amalie, Sebastian, Leni und Barbara

rechts: Reißbeck Sebastian und Jobst Josef starten hier vermutlich zu einem Sonn- oder Feiertagsausflug mit dem Rad (1928).

2021

Spangler, Hadamarstraße 34 (Ziegetsdorf 17)

Bauernhof Spangler – Innenhof

links: ein Knecht, Tochter Maria, Johann und Josef, Anna mit Kind und Barbara Spangler 1920

rechts: Familie Spangler 1916

Hadamarstraße 34 (Ziegetsdorf 17)

Wandgemälde Hadamar mit Sonnenuhr 2021

Das Wandgemälde mit der Sonnenuhr war ein Geschenk zum 50. Geburtstag für Bauunternehmer Johann Spangler, verstorben 1982. Seine Frau Maria, geb. Reif, lebte noch bis 2018 hier. Die heutige Eigentümerin dieses Hauses, eine Schwester von Johann Spangler, wohnt im Zechenweg und die Spangler-Tocher Rita lebt mit ihrer Familie gleich unterhalb des Elternhauses, das heute die Familie Ellermeier bewohnt.

Die Hadamarstraße ist benannt nach dem Minnesänger und Bürgermeister von Regensburg, Hadamar von Laaber (um 1300–1360)

Dorfmeister, Hadamarstraße 20 (Ziegetsdorf 19)

Hadamarstraße 20 (Ziegetsdorf 19), Rückansicht

Hier lebten Jakob Dorfmeister (1871–1950), Landwirt, und seine Frau Maria († 1947), danach Franz Dorfmeister (1922–2013) und Frau Theresia.

Stadl auf dem Dorfmeistergrund

Schule und Kindergarten

Im ehemaligen Schulgebäude in der Hadamarstraße war der Kindergarten untergebracht.

Spielplatz und dahinter der provisorische Kindergarten

Klassenzimmer der Volksschule

Volksschule Ziegetsdorf 1937 mit Schülern von der vierten bis zur siebten Klasse mit Lehrer Andreas Roßbacher

zwei Schulklassen aus den 50er Jahren mit Lehrer Engelhardt

Karmanhof, Ziegetsdorfer Straße 48 (Ziegetsdorf 10), und Sälzl, Ziegetsdorfer Straße 6 (Ziegetsdorf 11)

links oben: der Karmanhof, ehemals eine Wirtschaft mit Biergarten sowie einer Kunstmühle
unten rechts: Sälzl

links: Karmanhof alt

rechts: Karmanhofgelände 2021

Familie Karman

Sälzlkapelle ca. 1958

einige Jahre später

2022

Die Sälzlkapelle stand einst an der Ziegetsdorfer Straße direkt an der Einmündung in die ehemalige Reinmarstraße. Heute ist das genau an der Kreuzung zur Konrad-Adenauer-Allee. Die Kapelle war einst eine der Stationen bei der Fronleichnamsprozession und ihr Totenglöcklein läutete als Geleit, wenn ein Ziegetsdorfer seine letzte Reise antreten musste. Bei Bauarbeiten war die Kapelle im Weg und wurde abgebaut. Später sollte sie an einer geeigneten Stelle wieder aufgebaut werden. Das Material hierzu ist leider spurlos verschwunden.

Ecke Augsburger Straße zur Ziegetsdorfer Straße: Hier standen ehemals die Häuser Ziegetsdorf 11½ Kratochwil – 29 Karl – 24 Seidl – 11 Sälzl.

der Ottlhof am Abrisstag

Der Ottlhof, oberhalb des Hartlhofes in der Augsburger Str. 48, war vor über 100 Jahren der Hof der Ziegetsdorfer Bauernfamilie Wilfahrt. Mit der Heirat des Graßer Bauernsohns Georg Körner übernahm Tochter Klara den Hof. Der Bauer Georg Körner war bereits Vater zweier Kinder, als er im Ersten Weltkrieg eingezogen wurde. Er kehrte aus dem Krieg nicht mehr zurück. Die Witwe Körner heiratete nach dem Krieg in zweiter Ehe den Landwirt Johann Ottl. Deren Sohn, also der Nachfolger für den Hof, fiel dann tragischerweise 1941 im Zweiten Weltkrieg.

der Hartlhof

Der Hartlhof des Bauern und Gemeinderates Karl Hartl wurde an die Tochter Babette übergeben, die den Polizisten Otto Seidl heiratete. Noch heute lebt deren Tochter Babette Dietz, also eine geb. Seidl, in der jetzigen Bernhard-Suttner-Straße auf dem früheren Grund ihres Großvaters.

Augsburger Straße

Erstes Haus an der Ziegetsdorfer Straße – Ecke Augsburger war Wenzel Kratochwil (11 ½) (hier war ehemals die Milchsammelstelle für das Milchwerk), dann Johann Karl (29), anschließend Sebastian Seidl (24) und als letztes Haus dieser Reihe Max Sälzl (11). Heute stehen hier Mehrfamilienhäuser. Gegenüber mit der Hausnr. 10 war der Karmanhof und daneben in (10 ⅓) die Poststelle von Ziegetsdorf. In der Augsburger Straße 49 (**Ziegetsdorf 73**) war der Elektriker Ettinger mit seiner Familie ansässig.

Augsburger Straße 1971

rechts: Blickrichtung zum Dom, Augsburger Straße 2022

links: 2022

Spitzer, Augsburger Straße 53 (Ziegetsdorf 34)

Georg und Theres Spitzer vor ihrem Haus

das neue Haus mit Eingang Brittingstraße 2022

1909 erbaute Georg Spitzer (1879–1963) für seine Frau Theres (1878–1944) und seine Kinder das Haus in Ziegetsdorf. Sohn Franz Xaver (1909–2002) blieb mit Frau Barbara, geb. Seidl, (1910–1993) im Elternhaus wohnen. Enkel Werner Spitzer und seine Frau Hedwig, geb. Wartner, bauten im Garten ein neues Haus. 2003 wurde dann das alte Haus abgerissen.

Graf, Stollenweg 2 (Ziegetsdorf 4½ ~ An der Etz 6)

Familie Graf (Josef, Maria und Katharina) wohnte an der Etz 6, heute Stollenweg.

Johann und Barbara Graf hatten sechs Kinder, drei Mädel und drei Buben. Eine der drei Töchter heiratete Leonhard Lang und zog ins Haus **Dechbetten 4¾**.

links: An der Etz

rechts: Stollenweg 2 (An der Etz 6 – Ziegetsdorf 4½): Johann (1880–1971) und Barbara Graf (1880–1959) genießen die Sonne vor dem Haus.

Bachmeier, (Ziegetsdorf 21½) – Eich, (Ziegetsdorf 66)

links: Johann Bachmeier

rechts: Franz Eich (1893–1972)

Landwirt Johann Bachmeier war verheiratet mit Rose Eich. Die Ehe blieb kinderlos. Sein Schwiegervater Franz Eich lebte mit seiner Frau Barbara (1896–1983) und den Kindern in (Ziegetsdorf 66), heute Wolfsteinerstraße 9. Sophie Eich heiratete den Metzger Johann Kellner (Ziegetsdorf 4¼)

links: die Schwestern Sophie und Rose Eich

rechts: Franz Eich jun.

Ziegetsdorf – Prüll

Josef Kellner (links) und Josef Schafberger (vierter von links) wurden 1940 zum Militär in die Normandie eingezogen, nachdem sie schon über ein Jahr in der Flugwache Ziegetsberg zusammen mit den Ziegetsdorfer Bauern Eisvogel und Zirngibl als Flugbeobachter ausgebildet worden waren.

Nach dem Krieg überließ Josef Schafberger dem gelernten Metzger Josef Kellner seinen großen leeren Stall für dessen Viehhandel. Später eröffnete Kellner zusammen mit seinem Sohn Johann und dessen Frau Sophie Eich in der Augsburger Straße eine Metzgerei. Später soll die Familie in den Raum Stuttgart gezogen sein.

Zwar gehörten die Höfe Schafberger und Aumeier zu Prüll, das schon 1904 nach Regensburg eingemeindet wurde, doch ihre Nähe zu Ziegetsdorf ist auf der Luftaufnahme von 1938 offensichtlich.

Aumeierhof

Simon Aumeier verkaufte einen Großteil seiner Felder anlässlich der Errichtung der Messerschmitt-Werke, und konnte so durch den Erwerb eines neuen Lastwagens zusammen mit seinen Söhnen ein Fuhrunternehmen gründen. Bei Kriegsbeginn wurde der Lastwagen beschlagnahmt und die drei Söhne eingezogen. Nur der jüngste Sohn Xari kam zurück. Der alte Aumeier verstarb um 1950. Sein Sohn verkaufte Stück für Stück das Land und verprasste, wie die Leute erzählen, das Geld. Das letzte Hofgrundstück wurde auf Leibrentenbasis für die Mutter verkauft, die dann im Altersheim lebte. Über das weitere Leben von Xari ist nichts bekannt.

Aumeierhof 1940

Zilkhaus

Das in den 30er Jahren errichtete Zilkhaus besteht heute noch in erweiterter Form. Nach dem Ableben des Ehepaares Zilk in den 50er Jahren kam deren Sohn Max aus Argentinien und verkaufte das Haus an die Familie Riedl, die nach ihrer Vertreibung aus Mähren hier eine neue Heimat fand.

Schafbergerhof (früher Prüll 25, heute Watzlikstraße 10)

1826 kaufte der Zimmermann Wolfgang Harfold drei Tagwerk Acker und sieben Tagwerk Ödland und errichtete 1827 darauf ein Haus mit Stall und Stadl. Neben seiner Arbeit als Zimmermann betrieb er eine kleine Landwirtschaft.
1826 heiratete er Anna Maria Mangelkrammer aus Kleinprüfening. 1827 wurde ihre Tochter Theresia geboren. Diese ehelichte 1854 den am 23. Juni 1822 in Woppmannsdorf im Bayerischen Wald geborenen Johann Schafberger. Sie übernahmen den elterlichen Hof und erreichten durch harte Arbeit die Umwandlung von Ödland in Ackerland. In den folgenden Jahren kauften sie gute Felder hinzu und vergrößerten Stall und Stadl.
1896 übernahmen Sohn Heinrich Schafberger und Katharina, geb. Amann aus Gallingkofen, den Hof, vergrößerten ihn nochmals und schufen einen Dreiseithof.
1927 wurde der Hof elektrifiziert und eine Dreschmaschine angeschafft.

Aufnahme der Hofseite des Wohnhauses: Vor der Küche stehen der Bauer Heinrich und der junge Sepp und, vor der Tür zur Futterkammer, die Bäuerin Katharina mit schwarzem Kopftuch und die Tochter Kathi.

Das Dach war nicht isoliert, sodass im Winter der Wind den Schnee durch die Ritzen in die Kammer der Söhne blies. Oft wachten sie mit Reif im Gesicht auf. Jeden Winter litten sie unter schweren Erkältungen. Auch die niedrige Mädchenkammer über der Küche, die ehemalige Austragsstube des Großvaters, war nicht beheizbar.

Ins Dachgeschoss gelangte man über eine Holztreppe im Fletz (=Gang). Oben neben der Mädchenkammer war die Selch eingebaut.
Die rampenartige Holzstiege außen führte auf den Heuboden über dem Stall. Durch ein Loch in der Decke konnte das Heu in die Futterraufen im Stall gezogen werden.

Hier die Stadtseite des Gehöfts: Deutlich sieht man die erhöhte Brandmauer zwischen Stall und dem jetzt 100-jährigen Wohnhaus. Im Erdgeschoss waren an der Nordseite die Elternschlafkammer (links mit den breiteren Fenstern mit Läden) und – getrennt durch den Fletz mit eigenem Fenster – die bis zur Hofseite durchgehende Küche. Sie war Arbeits- und Aufenthaltsraum. Die beiden oberen Fenster an der Giebelseite oben gehörten zur Mädchenkammer. Rechts hinter dem schönen Walnussbaum stand die 1924 erbaute Wagenremise (Schupfen). Im Hintergrund ist das große Dach des Stadels zu erkennen.

1927/28

Neben der Haustür auf der Bank sitzt mit weißem Kopftuch Katharina Schafberger. Der Schupfen hatte zwei offene Remisen für die Wagen und Karren. Unter der Treppe zum Kornboden war die Hundehütte. Mitten im Hof, neben dem Odelfass, steht eine Schrotmühle, die vom Elektromotor im Stadel angetrieben werden konnte.

1936/37

Nach dem Tod des Vaters 1938 führte Josef Schafberger den Hof weiter. Nach dem Krieg heiratete er Josefine, geb. Jung. 1950 riss er den Stall ein und ließ auf den Grundmauern ein neues Wohnhaus errichten. Die Landwirtschaft führte er weiter, bis er 1960 seine besten Felder in Ziegetsdorf durch den Bau der Autobahnzubringer verlor.

links im Bild: Miethaus auf dem Grund des alten Häusls, rechts Wohnhaus auf den Fundamenten des Stalles, im Vordergrund aufgefüllter Mauersockel der Scheune

SPVGG ZIEGETSDORF 1930 E.V.

Fußballbegeisterte junge Männer gründeten am 21. Juni 1930 den Verein. Xaver Spitzer wurde zum 1. Vorstand gewählt. Eingetragen wurde der Verein am 30. Juni 1931 unter dem Namen „Spielvereinigung Ziegetsdorf e.V.“. Mit tatkräftiger Unterstützung der Gemeinde Ziegetsdorf konnte mit den Vorbereitungen des Platzes begonnen werden. Bis zur Platzeinweihung im August 1931 konnten die Fußballspiele nur auf fremden Plätzen ausgetragen werden.

SpVgg Erste Elf

Am 6. September 1931 bestritt man gegen Alteglofsheim das erste Verbandsspiel auf heimischem Rasen. Das Spiel endete 1:1.
1932 löste Otto Riedhammer den bisherigen 1. Vorstand ab und gab dieses Amt 1935 an Franz Oswald weiter. Die darauf folgenden sportlichen Erfolge und die aussichtsreiche Zukunft des Vereins zerstörte der Zweite Weltkrieg.

Nach dem Krieg sorgten frühere Aktive dafür, dass der Spielbetrieb wieder aufgenommen wurde. Es gab Schwierigkeiten, elf Sportler für eine Mannschaftsaufstellung zu finden und Probleme mit dem Pachtvertrag. Josef Melzl, der von 1946–1948 als Vorstand tätig war, hatte es schwer, den Verein wieder auf einen guten Weg zu bringen. Ohne die tatkräftige Unterstützung vieler Mitglieder wäre die Bespielbarkeit des Platzes und die Vergrößerung des Vereinsgeländes nicht möglich gewesen. 1948 übernahm Franz Oswald, der aus dem Krieg zurückgekehrt war, die Vorstandschaft und führte die Fußballer mit strenger Hand wieder zum Erfolg.

Frauenfußball, Gründungsmannschaft

In den Jahren 1954/55 gelang ein Aufstieg. Jedoch nahmen die Leistungen bald wieder ab und ein schwerer Rückschlag blieb dem Verein nicht erspart.
1964/65 dann ein großer Erfolg: Gewinn der Oberpfälzer Jugendmeisterschaft. Im Jahr 1976 gab es eine außerordentliche Neuerung im Leben der SpVgg Ziegetsdorf: Der damalige Vorstand Johann Hartl gründete eine Damenmannschaft, die einzige im Stadtgebiet. Das erste Spiel endete mit einer 0:14-Niederlage der Ziegetsdorfer Damen. Doch diese ließen sich nicht entmutigen und schon bald stellte sich Erfolg ein.

In den 80er Jahren wechselten sich Erfolg und Niederlagen schnell ab. 1983 dann wurde der Grundstein für das neue Sportheim gelegt. 1985, anlässlich des 55-jährigen Vereinsjubiläums, konnte das neue Sportheim mit den Sportanlagen eingeweiht werden. 1989 kam ein zweiter Rasenplatz hinzu.

bei der 60-Jahr-Feier

Die folgenden Jahre waren für die Fußballabteilung eine sehr erfolgreiche Zeit. Pünktlich zur 70-Jahr-Feier im Juni 2000 wurde die Fassade des Sportheims erneuert. 2004 hat sich der Schützenverein der SpVgg Ziegetsdorf angeschlossen. 2009 wurde die lang geplante Erweiterung des Vereinsheims in Angriff genommen und 2016/17 dann komplett renoviert.

Sportheim März 2022

Vereine

Ziegetsdorf hatte in frühen Jahren als kleine Gemeinde neben dem Fußball- noch jede Menge andere Vereine, darunter auch kuriose wie etwa den „Bund der Schwager“.

Aufnahmeschein
zum
Bund der Schwager

Aufnahmegebühr 5 Liter Bier

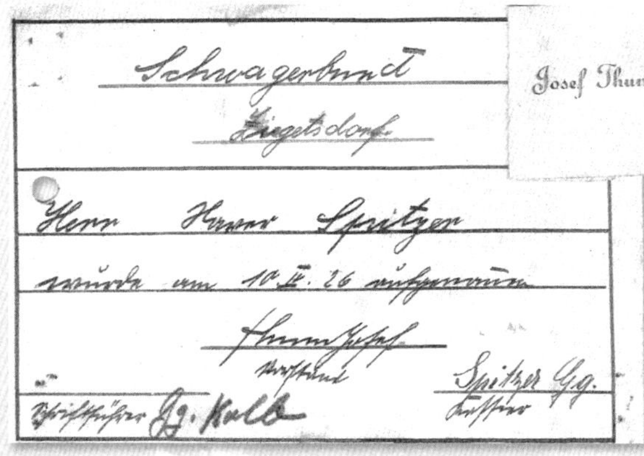

die Tischgesellschaft „Die friedlichen Bürger“, gegründet 1912

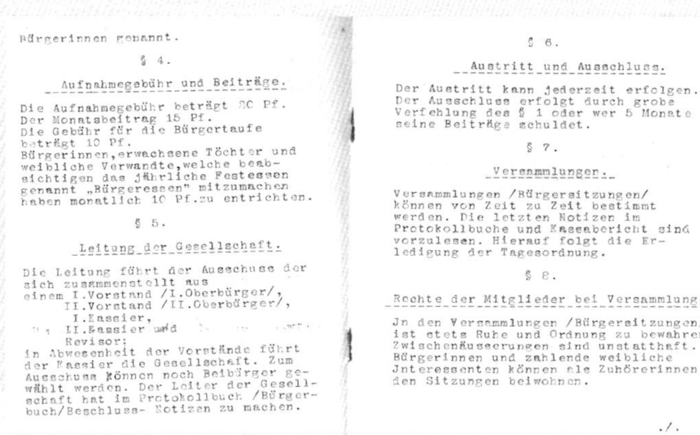

Bürgerinnen genannt.

§ 4.

Aufnahmegebühr und Beiträge.

Die Aufnahmegebühr beträgt 20 Pf.
Der Monatsbeitrag 15 Pf.
Die Gebühr für die Bürgertaufe beträgt 10 Pf.
Bürgerinnen, erwachsene Töchter und weibliche Verwandte, welche beabsichtigen das jährliche Festessen genannt „Bürgeressen“ mitzumachen haben monatlich 10 Pf. zu entrichten.

§ 5.

Leitung der Gesellschaft.

Die Leitung führt der Ausschuss der sich zusammenstellt aus
einem I. Vorstand /I. Oberbürger/,
II. Vorstand /II. Oberbürger/,
I. Kassier,
II. Kassier und
Revisor;
in Abwesenheit der Vorstände führt der Kassier die Gesellschaft. Zum Ausschuss können noch Beibürger gewählt werden. Der Leiter der Gesellschaft hat im Protokollbuch /Bürgerbuch/ Beschluss- Notizen zu machen.

§ 6.

Austritt und Ausschluss.

Der Austritt kann jederzeit erfolgen. Der Ausschluss erfolgt durch grobe Verfehlung des § 1 oder wer 5 Monate seine Beiträge schuldet.

§ 7.

Versammlungen.

Versammlungen /Bürgersitzungen/ können von Zeit zu Zeit bestimmt werden. Die letzten Notizen im Protokollbuche und Kassabericht sind vorzulesen. Hierauf folgt die Erledigung der Tagesordnung.

§ 8.

Rechte der Mitglieder bei Versammlunge[n]

Jn den Versammlungen /Bürgersitzungen/ ist stets Ruhe und Ordnung zu bewahren. Zwischenäusserungen sind unstatthaft. Bürgerinnen und zahlende weibliche Jnteressenten können als Zuhörerinnen den Sitzungen beiwohnen.

./.

Auszug aus den Statuten

Es gab aber auch noch
- die freiwillige Feuerwehr
- den Grund- und Hausbesitzerverein, gegründet 1910
- den Kirchenbauverein, gegründet 1921 und 1931
- den Liederkranz, gegründet 1924
- den Radfahrerverein „Unter uns“
- den Schützenverein
- den Kriegerverein, gegründet 1920/21

Feier für Kriegsheimkehrer 1920

Das Kriegerdenkmal, errichtet ca. 1928/1930 beim Schul- bzw. Gemeindehaus durch Spenden und Zuschüsse der Gemeinde, ist den gefallenen Soldaten des Ersten (1914–18) und des Zweiten (1939–45) Weltkrieges gewidmet. Nach dem Zweiten Weltkrieg gab es keinen Kriegerverein. Anfang der 50er Jahre: Umzug des Kriegerdenkmals in den Friedhof Ziegetsdorf, Renovierung in den Jahren 1958 und 1977.
Heute gibt es die MMC, den Frauenbund, KAB und die SVZ-Schützen.

September 2022

Ellerbeck, Augsburger Straße 64 (Ziegetsdorf 31)

Bäckerei und zugleich ein EDEKA-Lebensmittelladen in der Augsburger Straße

Ab 1914 gab es an der Augsburger Straße das Kaufhaus Ederer mit einer Bäckerei. Diese wurde im Jahr 1931 vom Bäckermeister Prommersberger übernommen. Dessen Sohn Johann fiel aber 1942 im Zweiten Weltkrieg. So ging der Betrieb schließlich an die Tochter Gisela und Hans Ellerbeck und ab 1987 an die Enkelin. Aber Stadtbekannt wurde der Ellerbeck durch die Schnitzer-Vollkornware. Sehr beliebt war früher auch eine Kaffeeeinkehr in der Augsburger Straße am Ziegetsberg.

Ein Lehrmädchen der Bäckerei wurde später die Wirtin des gegenüberliegenden Gasthauses Herrmann.

links: 2018–2022 Dorfbackhaus

rechts: heute Pizza-Lieferservice 2023

Gaststätte Herrmann, Augsburger Straße 69 (Ziegetsdorf 3)

Ein Haus mit 100-jähriger Tradition. Am 23. August 1921 kaufte Josef Herrmann, ein Landwirtssohn aus Train in der Halltertau, das Gasthaus an der Ausburger Straße, das bis zur Eingemeindung 1938 zu Ziegetsdorf gehörte, von einer Familie Färber.

Schnell wurde Josef Herrmann zu einem angesehenen Mann im Dorf und wurde von den Bewohnern zum Bürgermeister gewählt. Mit seiner Frau Luise hatte er zwei Söhne und eine Tochter.

Seine Enkelin Marieluise Lindner fand heraus, dass das Areal 1921 eine Größe von 6000 Quadratmetern hatte. Zudem gab es noch keine Straße, sondern nur einen schmalen Schotterweg, der durch das Gelände führte. Zum ehemaligen Wirtshaus, das später abgerissen und durch einen Neubau ersetzt wurde, gehörten auch ein Bierkeller und eine Metzgerei. An Stelle des heutigen Parkplatzes auf der anderen Straßenseite existierte bis Ende der 60er Jahre ein Weiher, auf dem viele Kinder das Schlittschuhfahren lernten.

drei Generationen mit dem Bild des alten Wirtshauses: Timo, Hansi und Hans Hermann (v.l.)

Als Josef Herrmann 1946 starb, übernahm sein Sohn Hans (1928–2001). Seit 2003 führt Hansi Herrmann, der sein Handwerk bei Käfer und Dallmayr in München und in der Schweiz gelernt hat, das beliebte Traditionslokal in vierter Generation. Zur Aussicht auf eine Nachfolge sagt Wirt Hansi Hermann: „Wenn es später sein Wunsch ist, übernimmt Sohn Timo einmal den Betrieb."

Im Zuge des Straßenbaus mussten die Wirtsleute viel Grund an die Stadt abgeben und einzelne Bauparzellen wurden innerhalb der Familie geteilt.

Walter Herrmann erinnert sich: „Die Fassade des Wohnhauses Augsburger Straße 69 war in meiner Kindheit noch bunt, bestehend aus verschiedenfarbigen Quadraten und Trapezflächen. Vor der Metzgerei war ein rotes Eckgeländer (zum Schutz vor dem Straßengraben), an dem wir als Kinder geturnt haben."

das Zacherl-Haus neben dem Weiher – Zacherl war Frisör (Bader)

Wirtsgarten Augsburger Straße mit Hofeinfahrt (vom Stollenweg Richtung Westen), neue Gaststätte im ehemaligen Tanzsaal ca. 1970

links: Hof und Biergarten

rechts: alte Hofeinfahrt mit Eingang zum Schenkenverkauf ca. 1970

neuer Gastraum in der ehemaligen Spenglerei (auch mal Tanzsaal)

Unter dem Hausnummernschild noch erkennbar ist der Umriss des vormaligen Briefkastens. An etwa dieser Stelle befand sich die Haltestelle der Linie 8.

in der alten Wurstbude vor dem Umbau (v.l.n.r.:) Papa Hans Herrmann (1928–2002), Toni Melzl aus der Nachbarschaft, Geselle Fritz, Hans und Walter Herrmann (1959)

Greger, Augsburger Straße 70 (Ziegetsdorf 20)

rechts im Bild: Greger/Alkofer, oben Mitte Rieger, in der Bildmitte der Weiher

Willi Greger war nicht nur Besitzer des Tante-Emma-Ladens, sondern auch Maler, Glaser, Elektriker und auch Mesner. Er war eine Institution und allen Ziegetsdorfern ein Begriff.

Willi Greger

Wilhelm Greger (1911–1989), einziger Sohn des Försters von Ziegetsdorf, wuchs mit seinen Schwestern im dortigen Forsthaus auf. Gelernt hat er beim Farben Eckert Dekorationsmaler.

Kaufhaus Greger

1938 gründete Wilhelm Greger in der heutigen Augsburger Straße 70 sein kleines Kaufhaus. Hier gab es einfach alles: Schulbedarf, Haushaltswaren, Farben usw.
Ein Nachbar erinnert sich, dass Willis Schwester zu Schulbeginn beim Bruder aushalf und immer einen Bleistift hinter dem Ohr hatte.
Mit 44 Jahren heiratete er seine Angestellte Maria († 1987) aus Muschenried. Die beiden bekamen eine Tochter, deren Sohn Michael Alkofer heute Pfarrer von Schwabelweis ist.
Willi Greger war auch jahrelang Mesner des späteren Papstes, und sein Enkel Michael ministrierte bei Ratzinger in St. Josef, Ziegetsdorf.
Seit 1989 gibt es den Laden nicht mehr und das Haus wurde verkauft.

rechtes Bild: damals Greger (Mitte) und Rieger (links) 2023

Merkur-Tempel – Fund aus der Römerzeit

links: Votivaltar

rechts: Merkur-Standbild

Bei Grabungen in den Jahren 1934/35 wurden Überreste eines römischen Merkur-Heiligtums freigelegt. Schon seit einiger Zeit gab es auf dem Grund der Familie Mayer in der Augsburger Straße 96 immer wieder römische Kleinfunde. 1934 setzten dann systematische Grabungen ein. Man stieß auf die Grundmauern einer nahezu quadratischen Tempelanlage mit einem reich geschmückten Votivaltar für Merkur, dem Gott des Handels und der Kaufleute. Auch entdeckte man in wenigen Metern Entfernung noch die Grundmauern zweier weiterer kleiner Tempel.

Solche Heiligtümer für den beliebten Gott Merkur wurden von den Römern vorzugsweise an belebten Fernstraßen oder auf aussichtsreichen Höhen, wie hier auf dem Ziegetsberg errichtet. Die Janus-, Diana- und Merkurstraße in Ziegetsdorf sind nach römischen Göttern benannt und sollen an die Funde des Tempels erinnern. Der Merkur-Tempel steht im Historischen Museum in Regensburg.

Der Sender Regensburg-Ziegetsberg

Im Jahr 1961 wurde auf dem Ziegetsberg ein 128 Meter hoher Fernsehsender gebaut. Dem rot-weißen Stahlturm sollte dann ab 1976 ein Fernmeldeturm aus Stahlbeton folgen; anfangs noch mit der bisher größten Höhe von 156 Metern. Nach mehreren technisch notwendigen Umbauten misst der Sender heute nur noch 140 Meter. Er wird von der Telekom Deutschland betrieben und sein offizieller Name lautet „Sender Regensburg-Ziegetsberg".

Wer auf der Autobahn A3 aus Richtung Nürnberg oder Passau oder auf der A93 aus Weiden oder München unterwegs ist, wird schon von Weitem vom Regensburger Fernsehturm begrüßt.

Der neue Fernsehsender aus Stahlbeton entsteht im Jahr 1975; rechts daneben ragt der hohe Baukran in die Höhe und links dahinter versteckt sich der bald ausgediente rot-weiße Stahlturm.

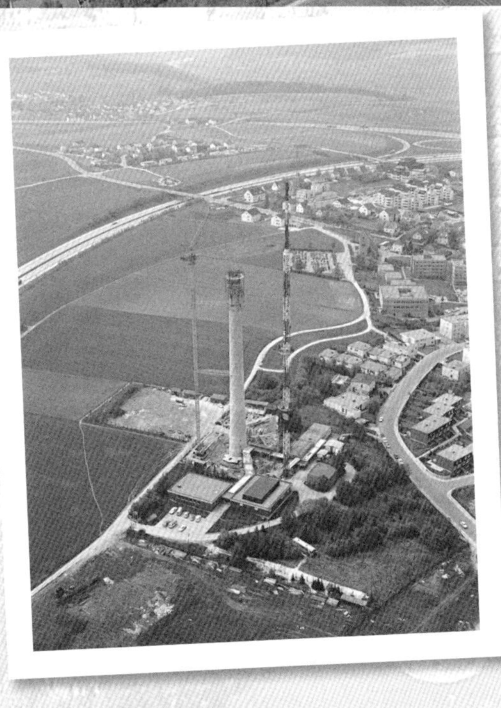

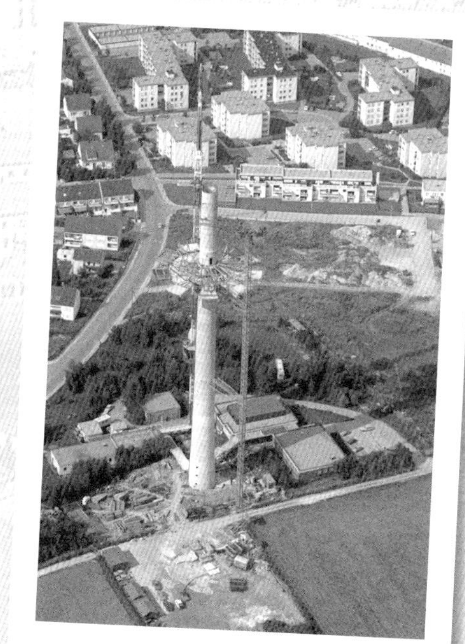

Der Wasserspeicher am Ziegetsberg wurde von der REWAG 2020/21 aufwendig saniert. Er ergänzt die Regensburger Trinkwasserversorgung mit 3000 cbm.

zweimal die gleiche Brücke als Baustelle an der Augsburger Straße über der Autobahn A3 2022

Nachbarschaft

Blick von der Senderplattform auf Kumpfmühl

Blick auf die Endhaltestelle in der Karl-Stieler-Straße, auf Karthaus-Prüll und das Universitätsgelände. Im Hintergrund zu sehen: der Höhenzug von Keilberg mit dem Kalkwerk bis hin nach Donaustauf und Wörth a.D.

der historische Nachbarort Graß im Süden

Vom ehemaligen „Göringheim“ zur Ganghofer-Siedlung

Die Wohnhäuser am Ziegetsdorfer Hang wurden im Jahr 1936 als national-sozialistische Mustersiedlung errichtet und dienten der Unterbringung von Arbeitern und Angestellten der benachbarten Bayerischen Flugzeugwerke (später Messerschmitt).
Die Siedlung wurde weit ab vom Werk in Prüfening errichtet, um eventuell Bombardierungen zu entgehen. Die Siedlung wurde 1937 nach dem Oberbefehlshaber der Luftwaffe H. Göring Göringsiedlung genannt.
Zur Anbindung an die Messerschmitt-Werke wurde damals eigens ein Fahrradweg über Dechbetten und den Bahnübergang zum Werk geschaffen.

1956

1958

Nach dem Krieg und Umbenennung zur Ganghofersiedlung wurde die Siedlung von 1945–1949 vorübergehend zur Unterbringung von „Displaced Persons“ genutzt . Die einheimische Bevökerung musste auf Geheiß der Amerikaner innerhalb von 48 Stunden die Siedlung räumen, um Platz für heimatlose Ausländer, ehemalige Kriegsgefangene, Zwangsarbeiter und Flüchtlinge, darunter viele Ukrainer, zu schaffen. Es bildete sich ein kleiner Mikrokosmos mit eigener Schule, eigener Verwaltung, Briefmarken, Post und Polizei, um den Bedürfnissen der zeitweise bis zu 5000 Bewohner gerecht zu werden.

Entstehung der Göringheimsiedlung im April 1937

die kleinen einheitlichen Siedlungshäuser nach dem Bezug

In mehreren Straßen gab es auch Wohnblöcke. Schon damals war Wohnraum knapp in Regensburg. In der Nachkriegszeit fanden hier ukrainische Familien ein sicheres Zuhause.

Nach der Unterbringung von „Displaced Persons“: Am Schaukasten gab es die neusten Informationen in kyrillischer Schrift.

ukrainische Briefmarke mit einer Abbildung von Regensburg

Wie sich die Geschehnisse wiederholen: Im Jahr 2022 suchten wieder fast 2000 Ukrainerinnen und Ukrainer vor dem Krieg in ihrem Land Zuflucht in Regensburg.
(Bericht Regensburg-digital 14. Juli 2022)

Die meisten Familien kamen aus Lemberg und Umgebung.

Im Jahr 2009 begann eine umfassende Sanierung der Ganghofersiedlung unter dem Motto „Grüne Mitte". Im Rahmen dieser Sanierung wurden die Arbeiterhäuser zu luxuriösen Wohneinheiten umgestaltet.

Die Siedlung wurde zwischen 2009 und 2017 zu einem Schmuckstück im Grünen, in dem die Geschichte und der Charme der Vergangenheit mit den Annehmlichkeiten der Gegenwart vereint wurden.

Ein besonderes Augenmerk lag dabei darauf, ehemaligen Mietern die Möglichkeit zu geben, in die modernisierten Wohnungen zurückzukehren und somit die ursprüngliche Gemeinschaft bewahren zu können.

Dampfziegelei Wiedenmann

Die Tonfabrik Heinrich Wiedenmann im Jahr 1903 an der Augsburger Straße schlängelt sich wie eine Allee den gesamten Ziegetsberg hinauf. Der Ort Ziegetsdorf liegt am Horizont und ist durch das große Forsthaus im Westen des Hügels gut zuzuordnen.

Am Bildrand rechts ist auch der später im Karl-Freitag-Park integrierte See erkennbar.

Der Karl-Freitag-Park wurde 1927/28 westlich des ehemaligen Fabrikgeländes um den schon damals bestehenden See herum neu angelegt. 2023 wurde von Stadtrat beschlossen, den Park umzubenennen, da Karl Freitag NS-Vergangenheit nachgewiesen wurde. Ein neuer Name steht noch nicht fest.

An gleicher Stelle wie der heutige künstliche Wasserlauf rann einst der Ziegetsbach. Er entsprang unterhalb des alten Forsthauses und floss den Ziegetsberg hinunter zum Wirtsfeld der heutigen Boelkestraße, um schließlich nahe dem ehemaligen Kloster Karthaus in den Vitusteich zu münden.

Die Burgfriedengrenze

(Gastbeitrag von Martin Kempter)

1. Der Burgfrieden der Stadt Regensburg

Burgfrieden, das war noch im vergangenen Jahrhundert ein geläufiger Begriff, der nichts weiter als das Stadtgebiet meinte. Es bezeichnete den befriedeten, weil rechtlich gesicherten Bereich, in dem die Bürger (auch darin steckt das Wort Burg!) lebten. Die Besonderheit des Regensburger Burgfriedens bestand darin, dass die Freie Reichsstadt lange Zeit eigenständig im Reich und damit unabhängig von Bayern war. So hatte die Stadtgrenze auch den Charakter einer Staatsgrenze. Beim Überschreiten wurde „Maut" verlangt (entspicht dem heutigen Zoll), sie war Konfessionsgrenze (Regensburg war evangelisch), Grenzverletzungen wurden vor die Reichsgerichte gebracht und konnten sogar militärische Folgen haben. Dieser Zustand währte im Wesentlichen von 1230 bis zum Jahr 1810, als Regensburg in Folge der Napoleonischen Kriege ins Köngreich Bayern eingegliedert wurde und neben die alte Burgfriedengrenze die moderne Steuergemeindegrenze trat. Ein ganzes Jahrhundert, bis zum Inkrafttreten der Deutschen Gemeindeordnung von 1935, behielten jedoch die alten Grenzsteine, 21 an der Zahl, ihre Gültigkeit als politische Grenze, dann erst wurden beide Grenzen zusammengelegt. Diese Säulen, waren stets mannshoch und aus heimischem Sandstein gefertigt. Zur Stadt zeigend waren das Schlüsselwappen und darüber der doppelköpfige Reichsadler eingehauen, auf der anderen Seite das Rautenwappen, ab 1623 mit dem Reichsapfel als Zeichen der Kurwürde.

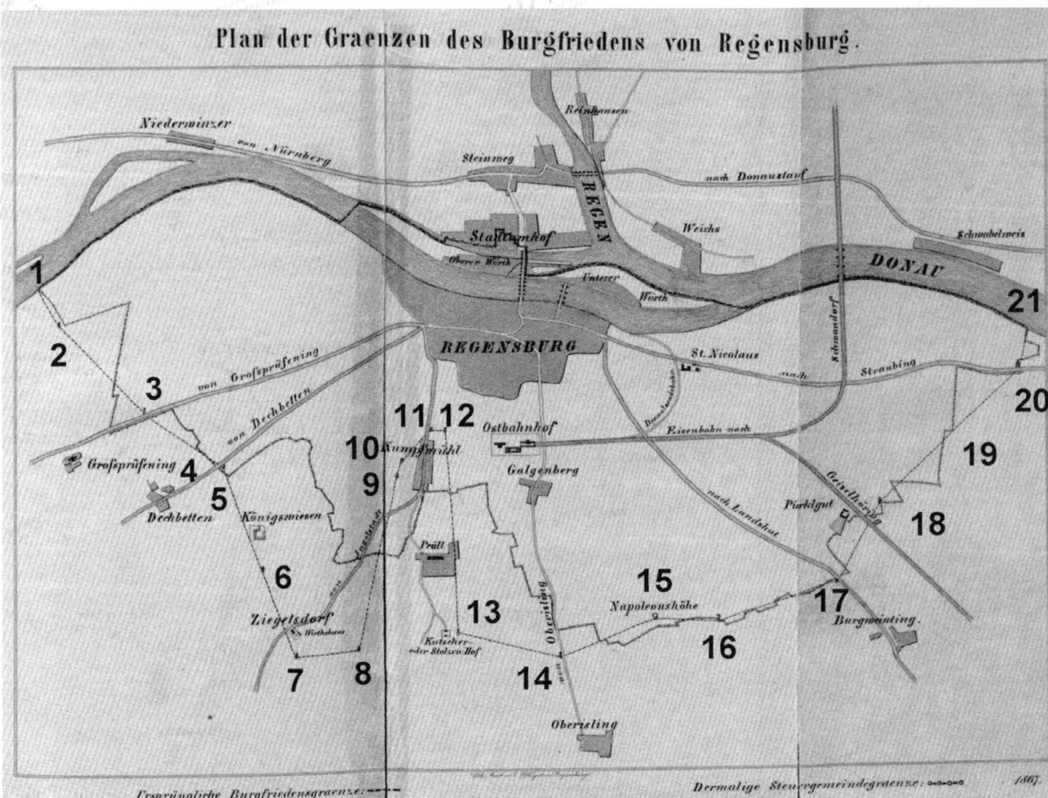

Abbildung 1: Burgfriedensteine (mit Nummern nach BAUER), Burgfriedengrenze (gestrichelt) und Steuergemeindegrenze. Aus Scherer 1868, siehe Literaturangabe bei Bildnachweisen

2. Der Burgfrieden und die Stadtteile

Von außen betrachtet sprach man von der Landfriedengrenze. Für die Stadtviertel, um die es in diesem Buch geht, ergab sich von 1810 bis 1935 ein jeweils besonderer Status: Hinsichtlich der Grundsteuer lagen alle 3 außerhalb der Stadt, Königswiesen war Teil der Steuergemeinde Dechbetten. Politisch gehörten Königswiesen und Ziegetsdorf jedoch zur Stadt. Die Bewohner konnten dort wählen. Dort lebende Kinder hatten eine städtische Schule zu besuchen, auch fürs Jagdrecht war die Stadt maßgeblich. Endgültig wurde diese verzwickte Situtation erst durch die Eingemeindungen zum 01.01.1938 bereinigt. Als ein Relikt früherer Zeiten werden allerdings Grundstücke in Königswiesen oder in Königswiesen-Süd noch heute im Grundbuch im Buchungsbezirk Dechbetten erfasst.

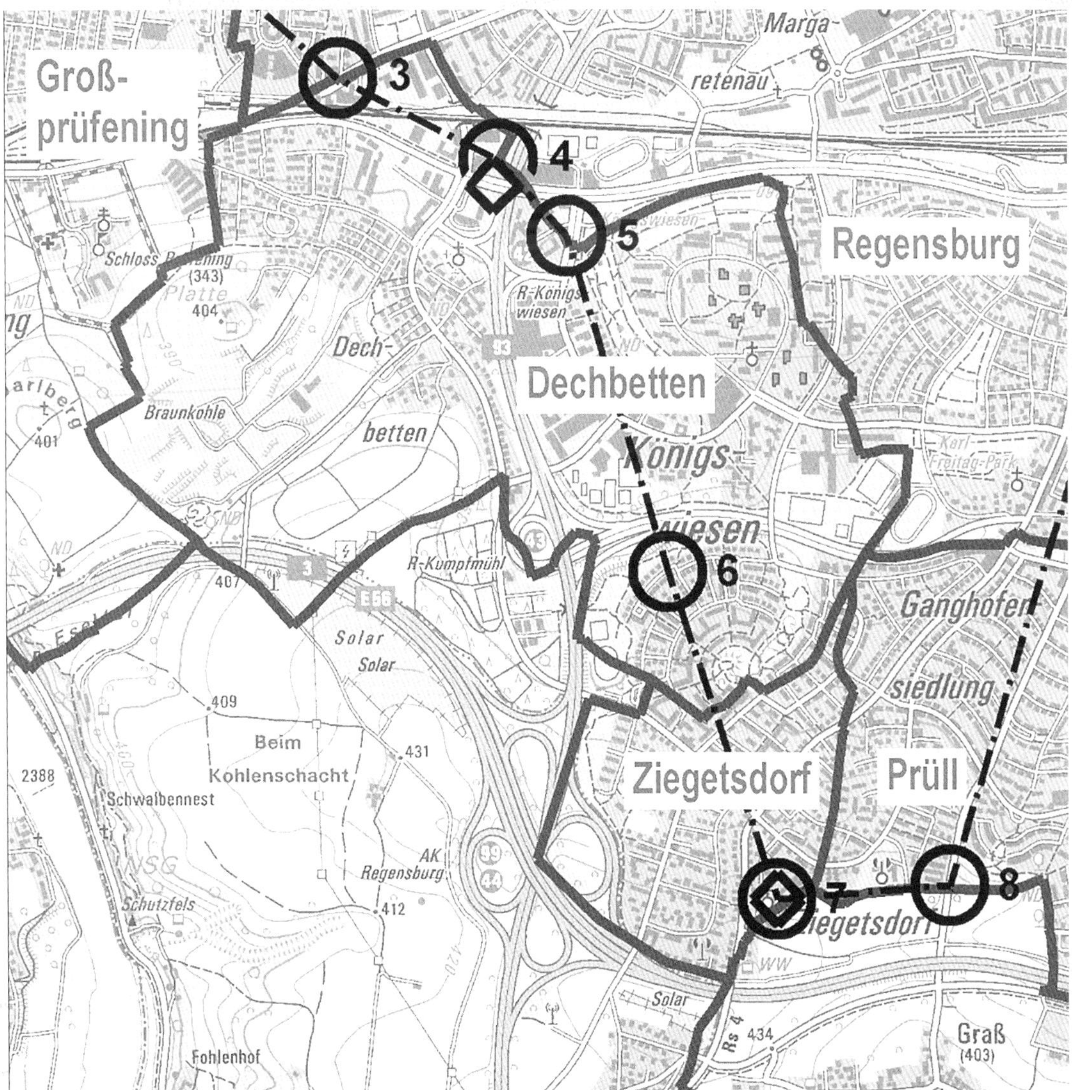

Abbildung 2: Burgfriedengrenze (strichpunktierte Linie) und -säulen 1810 (Kreise), Steuergemeindegrenze 1813 (durchgezogene Linie), heutige Säulen (Quadrate)

Geobasisdaten: Bayerische Vermessungsverwaltung –** www.geodaten.bayern.de, **Lizenz CC BY 4.0, Einträge: Verfasser

3. Die Burgfriedensäulen

Säule 3 – der Raststein, vor Rennweg 4 (heute fehlend)

Dieser Stein bildete die Grenze zwischen Regensburg und den Gemeinden Großprüfening und Dechbetten. Dass Dechbetten einmal bis zur Prüfeninger Straße reichte, ist durch die Unterbrechung, welche die Bahnlinie darstellt, heute kaum noch wahrnehmbar. Doch selbst auf Aufnahmen von Kriegszerstörungen sind in diesem Bereich noch alte Dechbettener Hausnummern zu sehen. Auch die Burgfriedensäule Nr. 3 ist noch mit einem Foto von 1940 dokumentiert – sie stand unweit des Messerschmitt-Bahnübergangs mitten auf der Fahrbahn des Rennwegs, seitlich neben dem Straßenbahngleis. Die Luftbildauswertung liefert keinen Hinweis auf einen Sprengbombentreffer, der sie hätte umwerfen können. Viel wahrscheinlicher ist, dass sie in der Nachkriegszeit im wahrsten Sinne des Wortes „im Weg“ stand und beim Straßenausbau Anfang der 1950er Jahre spurlos verschwand.

Abbildung 3: Burgfriedensäule 3 im Rennweg 1940, Blickrichtung Osten. Rechts, durch Baumreihe und Straßengraben abgetrennt, das Straßenbahngleis. Hinter dem 2. Baum von rechts spitzt das Andreaskreuz vom Messerschmitt-Bahnübergang hervor. Sammlung Karl Bauer, mit freundlicher Genehmigung durch Peter Bauer.

Abbildung 4: Säule 4 Blickrichtung Norden 2003
Foto: Kempter

Säule 4 – Lohgrabensäule, Kirchmeierstr. 24 (im Mittelstreifen der Straße)

Die Säule stand zwischen Dechbetten und der Stadt an einem Knick des Lohgrabens. Dieser künstlich geschaffene Wasserlauf entwässerte die Senken von Dechbetten und Königswiesen und mündete im Bereich der heutigen Westendstraße in die Donau. Die Säule wurde im Zuge des Autobahnbaus entfernt, später zufällig in einem Privatgrundstück am Hochweg wieder aufgefunden. Sie steht heute 75 m südlich von ihrem Originalstandort im Mittelstreifen der Kirchmeierstraße, westlich der Autobahn. Sie vermittelt dort nicht mehr, dass man, auf der Kirchmeierstraße stadtauwärts fahrend, bereits vor Überquerung der Autobahn Dechbettener Gebiet erreicht: Mit Ausnahme der Hausnummern 2 und 4 gehört das ganze Gebiet des Defreggerwegs bereits zu Alt-Dechbetten. Auch die Ausrichtung der gut erhaltenen Wappen ist bei der derzeitigen Aufstellung verdreht – das Rautenwappen hat früher direkt zur Kirche Mariä Himmelfahrt gewiesen.

Säule 5 – Am Dechbettener Garteneck, Defreggerweg 3 am Gehwegrand der Dr.-Gessler-Str. (heute fehlend)
Die Nähe zur vorigen Säule zeigt, welche Bedeutung man der Abgrenzung von Dechbetten zur Stadt beimaß. Bereits im 19. Jahrhundert war von dieser Säule nur mehr der schwere Sockel vorhanden. Das Garteneck, an dem sie stand, ist noch heute luftbildarchäologisch festzustellen, gut möglich dass der Sockel noch im Erdreich steckt und bei Bauarbeiten zum Vorschein kommt.

Abbildung 5: Säule 5 1694, Federzeichnung
(Sammlung Museen der Stadt Regensburg)

Säule 6 – Königswiesener Feldsäule, Nicolaus-Gallus-Str. 21 (heute fehlend)
Die Säule stand inmitten der zum Gut Königswiesen gehörenden Felder, und zwar so, dass der Gutshof politisch zur Stadt gehörte. Sie wurde leider 1963 umgeworfen und zerstört.

Abbildung 6: Säule 6 1912
(Foto: Museen der Stadt Regensburg)

Abbildung 7: Säule 7 2008 (Foto: Kempter)

Säule 7 – Ziegetsdorfer Säule, Südecke Weiherweg 6, östlich der St.-Josef-Kirche
Die Säule befindet sich seit 1995 im Historischen Museum am Dachauplatz. Am Originalort, etwas im Gebüsch versteckt, steht ein sehr gut gemachter und in richtiger Orientierung aufgestellter Abguss. Das ohne Reichsapfel ausgeführte Bayerische Wappen zeigt, dass die Säule vor Erlangung der Kurwürde, also vor 1623 aufgestellt wurde. Einen weiteren Abguss dieser Säule (aus Kunststoff) findet man im Besucherzentrum Welterbe im Salzstadel.

4. Ausblick: Wiedervermarkung

Die Jugendbauhütte der Deutschen Stiftung Denkmalschutz bereitet gerade in Zusammenarbeit mit ehrenamtlichen Burgfriedenforschern sowie Städtischen Institutionen die Wiedervermarkung des gesamten Regensburger Burgfriedens vor. Der Großteil der Arbeiten wird dabei von Jugendlichen und jungen Erwachsenen ausgeführt, die ein Freiwilliges Soziales Jahr in der Denkmalpflege ableisten. Dabei sollen die heute fehlenden Standorte mit entsprechenden Erinnerungssteinen wieder besetzt , vorhandene Säulen ggf. wieder richtig ausgerichet und alle Standorte mit Erklärungstafeln versehen werden. Ziel ist es also, die Lücken zu schließen und es Besuchern zu ermöglichen, eigentständig der alten Grenzlinie nachzugehen und so die Ausdehnung der alten Stadt und der sie umgebenden Dörfer wieder erlebbar zu machen. Dechbetten, Königswiesen und Ziegetsdorf, wo heute nur noch 2 von einst 5 Säule stehen, würden dabei besonders profitieren und Konturen zurückgewinnen, die durch moderne Bebauung und Verkehrswege in Vergessenheit geraten sind.

Erinnerungen an den Bau der Autobahnen A93/A3

Blick vom Kreuz Regensburg auf die Baustelle der heutigen A93 im Sommer 1965 (damals B16-neu)

Autobahnbrücke der A3 in Höhe des Kreisels

Aushub und Vorbereitung für den Bau der Autobahn

Hier entsteht die Ausfahrt Prüfening – Krankenhaus der Barmherzigen Brüder.

Dienstag, 22. September 1970 REGENSBURGER STADT-UMSCHAU

„Volldampf" im letzten Drittel der Westumgehung

Westumgehung erst im Sommer 1972 fertig / Dechbettener Bahnübergang bereits im April/Mai 1971 abgeschlossen
Nach der Donaubrücke Pfaffenstein und dem Anschluß Prüfeninger Straße nun „alle Mann" im Mittelabschnitt

Zum Abschluss ein Foto aus dem Jahre 1973. Es zeigt deutlich, dass nicht nur Dechbetten, sondern auch Ziegetsdorf zwischen den Autobahnen und Fernstraßen wie eine Insel liegt.

Epilog

Es war uns auch bei diesem zweiten Buch ein großes Vergnügen, mit den Bewohnern unserer Nachbardörfer zu plaudern und Gemeinsamkeiten zu entdecken. Sie haben für uns nach alten Bildern gesucht und sich an nette Geschichten von damals erinnert.

Wir bedanken uns bei all den netten Leuten aus Dechbetten und Ziegetsdorf für ihre tatkräftige Unterstützung in Wort und Bild. Ohne ihre Mitarbeit wäre das Erscheinen dieses Buch nicht möglich gewesen.

Unser besonderer Dank gilt Gerhard Schmidbauer, der uns die Ergebnisse seiner ausführlichen Recherchen zur Verfügung stellte, sowie Martin Kempter, der uns seine Forschungen zu den Regensburger Burgfriedensäulen in einem Gastbeitrag präsentiert. Ebenso bedanken wir uns bei der Bilddokumentation und dem Amt für Stadtentwicklung der Stadt Regensburg.

Sollten sich trotz aller Umsicht Fehler eingeschlichen haben, tut es uns leid. Wenn Sie etwas entdecken, das nicht den Tatsachen entspricht, sagen Sie uns bitte Bescheid.

Haben Sie bitte Verständnis, dass wir für mögliche Fehler keine Haftung übernehmen.

Bildnachweise

Titelbild	Luftbild Lorenz Wolf, Bilddokumentation der Stadt Regensburg, Stadt Regensburg A. Reisinger

Dechbetten

Seite 7-8	MZ Artikel 1988, Einwohnerbuch 1939/40
Seite 9	Luftbild Lorenz Wolf
Seite 10	Postkarten
Seite 11	Uraufnahme 1 (1808-1864) – Datenquelle: Bayerische Vermessungsverwaltung siehe Quellenangabe unten, Schmidbauer
Seite 12-13	Schmidbauer, Deml, Privat
Seite 14	Glaab, Google DE, Uraufnahme 2 (1808-1864) – Datenquelle: Bayerische Vermessungsverwaltung siehe Quellenangabe unten
Seite 15	Privat, Bilddokumentation der Stadt Regensburg, Wildau
Seite 16-18	Deml, Schmidbauer, Rehbach
Seite 19-20	Privat, Blindenschule, Rehbach
Seite 21	Webseite, Deml
Seite 22-23	Aumeier, Deml, Luftbildverlag Hans Bertram
Seite 24	Deml
Seite 25-26	Rehbach, Bilddokumentation der Stadt Regensburg C.Lang, F.Schiller
Seite 27-28	Rehbach – IHK Journal 1914, Glaab
Seite 29	MZ Artikel, Deml
Seite 30-32	Mascarello, Ebensberger, Deml, Heudecker
Seite 33-35	Glaab, Deml
Seite 36-37	Meyerhofer, Deml
Seite 38	Glaab, Google DE, Deml
Seite 39-40	Rehbach
Seite 41-42	Dollinger, Deml
Seite 43-46	Glaab, Deml
Seite 47-48	Islinger, Stadler, Deml
Seite 49	Rehbach, Aufnahme Cowboy Club
Seite 50-56	Rösl, Bilddokumentation der Stadt Regensburg, Deml, Privat, Glaab, F. Schiller
Seite 57	Lohneisen
Seite 58	Arnold, Deml
Seite 59	Rehbach, BR
Seite 60-62	Gebhardt, Schmidbauer
Seite 63	Glaab, Deml, Bilddokumentation von St. Bonifaz
Seite 64	Deml, Schmidbauer
Seite 65-66	Neumeyer, Schmidbauer
Seite 67	Unglaub, Deml
Seite 68	Heudecker, Deml
Seite 69-72	Goss, Meier, Deml, Luftbild Lorenz Wolf
Seite 73	Deml, Privat
Seite 74	Privat, Deml
Seite 75	Zinnbauer, Deml
Seite 76	Eglmeier, Rehbach
Seite 77	Mühlbauer, Deml
Seite 78	Wackernagel, Deml
Seite 79	Postkarte, Deml
Seite 80-82	Scharf, Deml
Seite 83-85	Schmidbauer, Rehbach, Deml

Königswiesen

Seite 86-88	Postkarte, Boin, Deml, Rehbach, Bilddokumentation der Stadt Regensburg
Seite 89-90	Bilddokumentation der Stadt Regensburg
Seite 91	Schmidbauer, Rehbach, Plakat

Ziegetsdorf

Seite 92-93	MZ Artikel 1988, Einwohnerbuch 1930/40
Seite 94	Bilddokumentation der Stadt Regensburg, Luftbild Lorenz Wolf
Seite 95	Uraufnahme 3 (1808-1864) – Datenquelle: Bayerische Vermessungsverwaltung siehe Quellenangabe unten
Seite 97-99	Postkarte, Spitzer, Deml, Google DE
Seite 100	Postkarte, Exposé
Seite 101	Stadt Regensburg A. Reisinger
Seite 102	Privat
Seite 103	Deml
Seite 104	Pernpeintner
Seite 105-106	Spangler, Schmidbauer, Deml
Seite 107	Privat
Seite 108-109	Karman Gabi, Privat
Seite 110	Gabi Karman, Deml, Schmidbauer
Seite 111	Herrmann W., Deml, R. Schmetzer
Seite 112	Privat
Seite 113	Postkarte, Bilddokumentation der Stadt Regensburg
Seite 114	Privat, Deml
Seite 115	Spitzer, Deml
Seite 116-117	Privat
Seite 118-121	Schaefer-Sayed
Seite 122-123	Sportverein Ziegetsdorf, Rehbach
Seite 124-125	Spitzer, Deml
Seite 126	Ellerbeck, Rehbach
Seite 127-130	MZ Schiesl, Herrmann H., Herrmann W., Marieluise Lindner, Deml
Seite 131-132	Alkofer, Deml
Seite 133	Karl Bauer
Seite 134-135	Bilddokumentation der Stadt Regensburg, Schmidbauer, Privat
Seite 136	Schmidbauer
Seite 137-140	Bilddokumentation der Stadt Regensburg, unbekannt, Schmidbauer
Seite 141	Dachziegelarchiv, Schmidbauer
Seite 142-146	Gastbeitrag Martin Kempter

Literatur (Auswahl):

Karl Bauer: Regensburg, Kunst-, Kultur- und Alltagsgeschichte, MZ-Buchverlag 2014, S. 611ff.

Martin Kempter und Manfred Jauck: Neuuntersuchung über Verlauf des Regensburger Burgfriedens, Bestand und Verortung seiner Marksteine, in: Stadt Regensburg, Welterbekoordination: Jahresbericht 2013, S. 26–29

Rainer Schmeißner: Der Burgfrieden der ehemals freien Reichstadt Regensburg, Verlag M. Laßleben, Kallmünz 1976

Wilhelm Scherer: Über den Burgfrieden der Kreishauptstadt Regensburg, in Verhandlungen des historischen Vereines von Oberpfalz und Regensburg 1868, S. 161ff.

Geobasisdaten: Bayerische Vermessungsverwaltung, Einträge vom Verfasser

openData DTK25, Lizenz (CC BY-ND 4.0) – https://creativecommons.org/licenses/by-nd/4.0/deed.de/

Seite 147-149	Privat Kempter, Gebert, MZ, Google, Bilddokumentation der Stadt Regensburg, Lorenz Wolf

Uraufnahme (1808-1864) – Datenquelle: Bayerische Vermessungsverwaltung – www.geodaten.bayern.de, genutzt unter der Lizenz (CC BY-ND 4.0) – https://creativecommons.org/licenses/by-nd/4.0/deed.de/

Diese Quellenangabe gilt für alle verwendeten Uraufnahmenausschnittte im Buch 1-3

Textnachweise

Wikipedia, MZ, K. Bauer, Festschriften der verschiedenen Vereine
Staatsarchiv Amberg
Hirn Hans Georg, Historischer Verein Neumarkt, Jüdisches Leben

Staatsarchiv Amberg, Kataster, Regensburg I Nr. 13 und Nr. 15 vom Jahre 1811. – Vermessungsamt Regensburg, Liquidationsprotokoll vom 5. Juli 1836. Finanzamtsbezirk Regensburg Steuergemeinde Graß. Matrikel der Pfarreien Prüfening und Dechbetten

»Ein systematisch gegliedertes, höchst informatives Werk.«
Peter Burkes, Regensburger Tagebuch (Blog)

Fritz Rehbach &
Gabriele Deml

Großprüfening

Das Dorf im Stadtwesten – damals und heute
1. Auflage 2021,
176 Seiten,
Format 21 x 24 cm,
s/w bebildert,
Hardcover
ISBN 978-3-95587-405-6
Preis: 19,90 €

Das Dorf zwischen den Gleisen: Prüfening ist ein besonderer Regensburger Stadtteil. Die idyllische Lage an der Donau und die einstige Straßenbahnlinie 1 wecken bei vielen Regensburgern Kindheitserinnerungen: Waldhäusl, Schwalbennest, Mariaort. Nun hat das Sehnen der Alt-Regensburger zwischen zwei Buchrücken eine Heimat gefunden! Die Prüfeninger Gabriele Deml und Fritz Rehbach haben historische und aktuelle Privatfotografien, Stadtpläne und Bilder des Stadtfotografen Christoph Lang zusammengetragen. „Wir wollen erinnern an das frühere Dorf mit seinen Häusern, Straßen und Menschen – und diesem Vergangenen das Heute gegenüberstellen."

Heimat
battenberg
gietl verlag

Battenberg Gietl Verlag GmbH
Pfälzer Straße 11 · 93128 Regenstauf
Tel. 0 94 02 / 93 37-0
E-Mail: info@battenberg-gietl.de

Julia Knoll & Peter Milic
Regensburg in historischen Bildern, Band 1
Straßen, Gassen und Plätze auf Ansichtskarten
128 Seiten, Format 22 x 20,5 cm, s/w bebildert, Hardcover
ISBN 978-3-86646-324-0 · Preis: 14,90 €

Über 6000 historische Ansichtskarten umfasst die Sammlung des Regensburgers Peter Milic. Die 200 schönsten werden in diesem Band vorgestellt, übersichtlich angeordnet von A–Z. Beeindruckende Schwarz-Weiß-Fotografien lassen die Zeit um 1900 lebendig werden und geben damit nicht nur einen faszinierenden Einblick in die Architekturgeschichte der Domstadt, sondern auch in Leben und Alltag ihrer Bewohner.

Julia Knoll & Peter Milic
Regensburg in historischen Bildern, Band 2
Gebäude und Bauwerke auf Ansichtskarten
136 Seiten, Format 22 x 20,5 cm, s/w bebildert, Hardcover
ISBN 978-3-86646-346-2 · Preis: 14,90 €

Im 2. Band der Reihe „Regensburg in historischen Bildern" zeigt der Sammler Peter Milic wieder einige seiner schönsten Ansichtskarten, anschaulich kommentiert von der Autorin Julia Kathrin Knoll. So gibt auch dieses Buch einen faszinierenden Einblick in die Regensburger Stadtgeschichte. Nach „Straßen, Gassen und Plätzen" stehen diesmal einzelne Gebäude im Fokus. Kirchen, Schulen, Gaststätten, Kliniken und Wohnhäuser erzählen hier ihre Geschichte und lassen die historischen Mauern der Welterbestadt lebendig werden.

Verband deutscher Schriftstellerinnen und Schriftsteller Ostbayern (Hg.) & Christian Greller Fotografie
Rendezvous mit Regensburg
Besondere Orte und ihre verborgenen Geschichten
1. Auflage 2023, 176 Seiten, Format 13,5 x 20,5 cm, durchgehend farbig, Broschur
ISBN 978-3-95587-420-9 · Preis: 19,90 €

Sie möchten wissen, welche unbekannten Begebenheiten hinter alten Fassaden, weltbekannten Denkmälern, verborgenen Plätzen und idyllischen Gassen der Stadt stecken? „Rendezvous mit Regensburg" erzählt diese Geschichten – augenzwinkernd, in lockerem Ton und mit einem neuen Blick auf besondere Orte und ihre Bedeutung für die Stadt.
Die Autorinnen und Autoren des Schriftstellerverbands Ostbayern haben sich dazu in kurzen Texten mit unterschiedlichem Blick auf die Stadt beschäftigt, zeigen neue Perspektiven und erzählen ihre Versionen dazu. Mit stimmungsvollen Fotografien von Christian Greller fügen sich die Geschichten zu einem Stadtführer der besonderen Art und gleichzeitig einem literarischen Stelldichein mit einer außergewöhnlichen Stadt.

Kai Ulrich Müller
Faszination Oberpfalz
Überarbeitete 2. Auflage 2023, 208 Seiten, Format 24 x 32 cm, durchgehend farbig, Hardcover
ISBN 978-3-95587-101-7
Preis: 39,90 €

Einzigartige Luftaufnahmen unserer schönen Oberpfalz – das erwartet den Leser in diesem einzigartigen Bildband! Entdecken Sie Ihre Heimat, wie Sie sie noch nie gesehen haben! Tauchen Sie ein in beeindruckende Luftaufnahmen von rauschenden Wasserfällen, fantastischen Landschaften und bodenständiger Kultur. Entdecken Sie prächtige Kirchenbauten und Klöster wie etwa in Waldsassen oder in Speinshart, nebelumwaberte Burgen und Schlösser wie Weißenstein oder Flossenbürg, malerische Städte wie Amberg, Nabburg oder das Weltkulturerbe Regensburg.

Heimat battenberg gietl verlag

Battenberg Gietl Verlag GmbH
Pfälzer Straße 11 · 93128 Regenstauf
Tel. 0 94 02/93 37-0
E-Mail: info@battenberg-gietl.de